雪原の足あと

1961

ノサップ岬の流氷（神谷恭氏所蔵）

晩秋の日高連峰（赤井彰氏所蔵）

春の日高連峰（神谷恭氏所蔵）

七ツ沼カールの幕営
(「ポロシリの歌声」より)

トッタベツより幌尻岳
（「ポロシリの歌声」より）

広尾又吉像（「又吉物語」より）

又吉宅附近から見た初夏のオムシャヌプリ
(「又吉物語」より)

豊似岳よりピリカヌプリ
（「初夏の南日高」より）

ユニ石狩山下より石狩連峰
(「吹雪の結婚行進曲」より)

九ノ沢カール・A君のケルン
（「九の沢カールのケルン」より）

五月の五色ヶ原よりトムラウシ
（「五月の五色ヶ原から見たトムラウシ」より）

五月の十勝連峰（西ヌプカウシより）
（「然別湖と西ヌプカウシ」）より

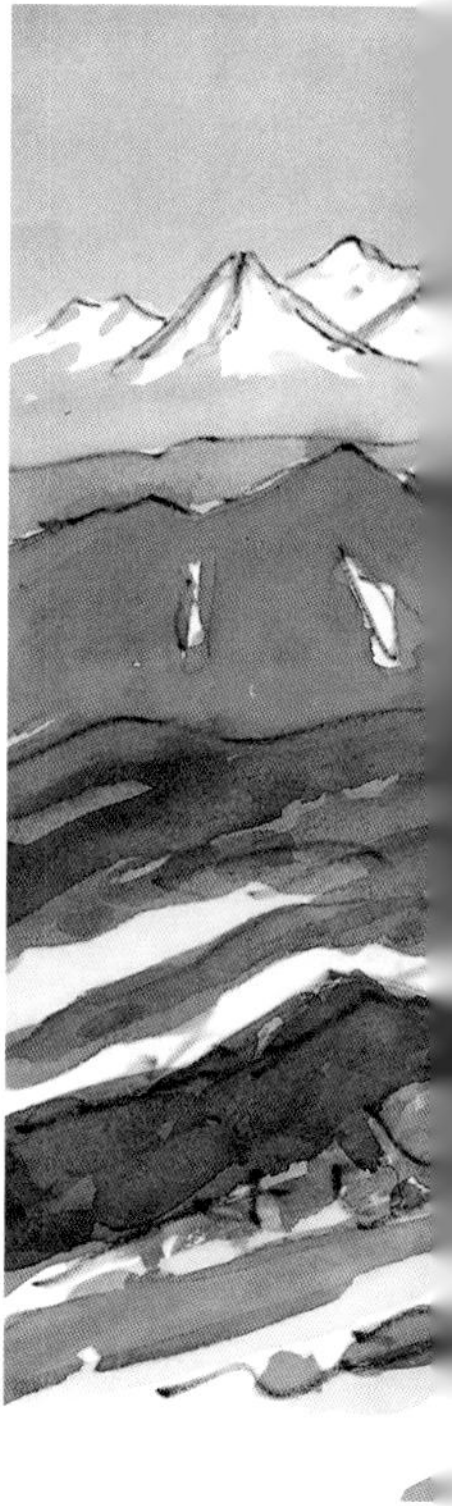

えぞにう（「えぞにう」）より

雪原と中部日高連峰
（「雪原の足あと」）より

開拓地下野塚原野と太平洋
（「雪原の足あと」）より

早春の白樺と日高（石崎正子氏蔵）

南暑寒山下より群別岳
（「春の暑寒別山群」）より

晩秋の原野と日高山脈（「原野と日高の山波」より）

雪原と中部日高連峰
（「原野と日高の山波」）より

オムシャヌプリの暮色（「広尾又吉の死」より）

へびのたいまつ（「へびのたいまつ」より）

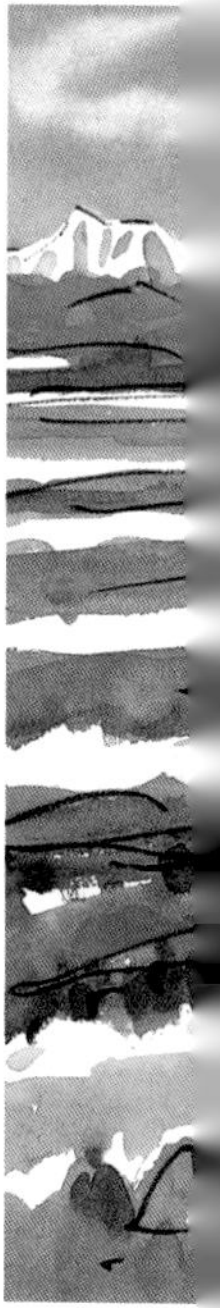

風蓮湖春国岱と白鳥群（「夢の白鳥を訪ねて」より）

結氷の風蓮湖とコマイ獲る人たち
（「夢の白鳥を訪ねて」より）

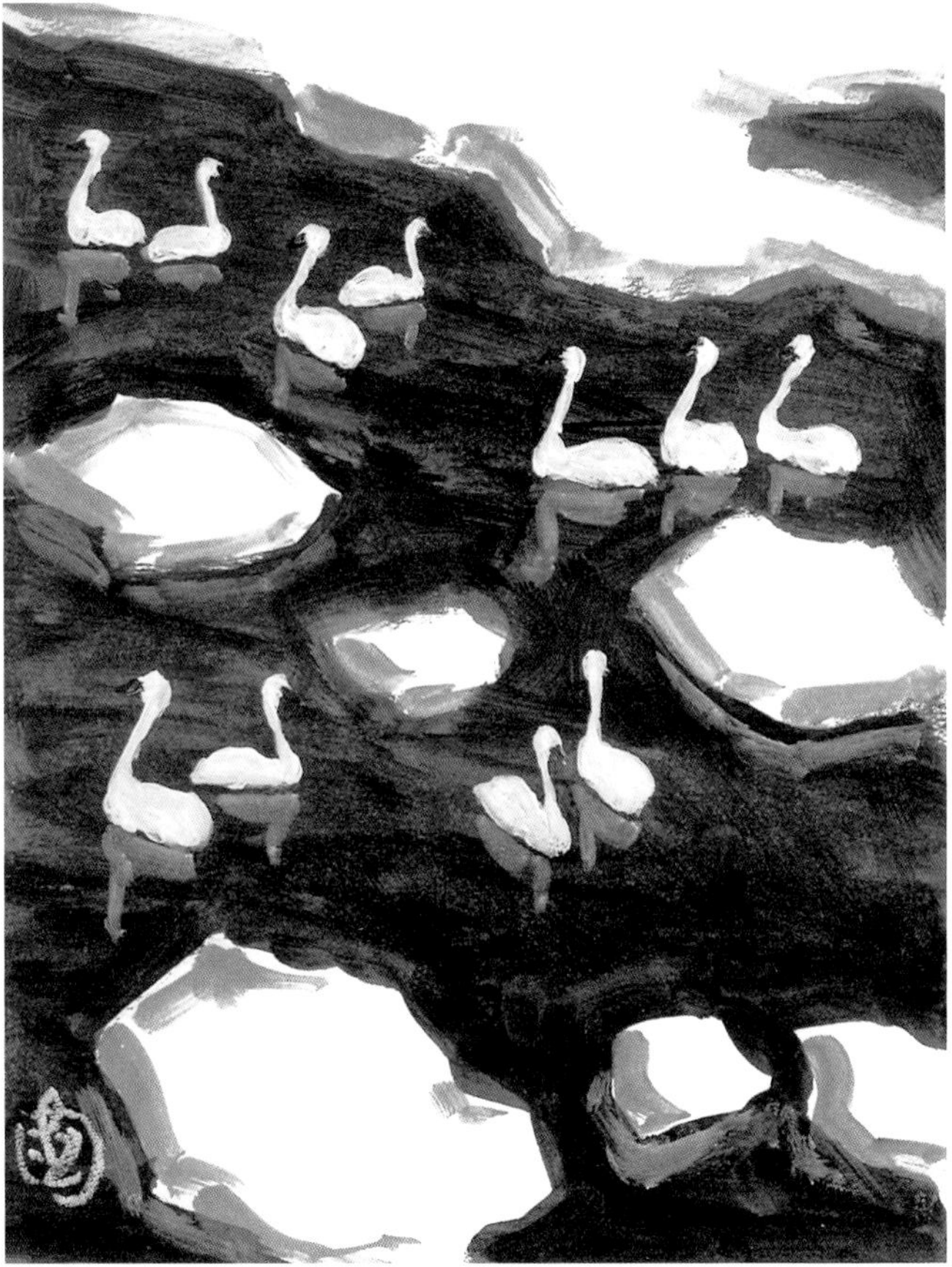

流氷と白鳥
（「夢の白鳥を訪ねて」より）

稚咲内から利尻富士（「利尻富士の遠望」より）

四月の天狗岳（豊羽コースより）
（「早春の天狗岳を眺めて」より）

雪原の足あと

広尾町豊似町の自宅で（昭和36年頃／朝日新聞社撮影）

目次

ポロシリの歌声

　僕たちの多年の懸案であったところの、商人・役人・サラリーマン・BG・百姓などの混成隊による、日高山脈の秘境ポロシリやトッタペツや、またその山腹に抱かれた七ツ沼のカールの探訪は、心暖まる歌声とともに、感激の印象を残して終りを告げた。

　はじめに示したような職業別のメンバーでは、そうそう都合のよい時期が、お互に合致するわけもないから、この幸運なチャンスをつかむだけでも、三年もかかった。いうなれば、多年の恋が実を結んだようなものであった。昭和三十四年七月十五日、帯広駅の待合室で、全員落合って勢揃いした時から、世帯やつれの深刻な隊員たちは、お互いに手を握合って破顔爆笑の楽しさで、今からこんなことでは、山に入ったらどんなことになるのかと思われるはしゃぎ方で、はたで見る目もうらやましい限りという情景だった。

トッタペツより十勝ポロシリ、札内岳、エサオマントッタペツ岳

中でも隊長の札幌秀岳荘主人のK氏などは、いつも登山道具ばかり登山者に売りつけ、楽しい山の話ばかりをお客から聞かされる身分なので、いわば登山的欲求不満の最大不幸者であったせいか、子供の遠足のようなはしゃぎぶりは、終始花形的存在であったといえよう。

それにしても問題になったのは、K隊長のいでたちであった。この晴れの特筆すべき山行に際しては、少々お粗末ないでたちで、頭はまあサップグリーンのチロルハットで申分ないが、あとはつぎはぎだらけのシャツとズボン。足はリバイバル調の軍靴姿、しか

し結論は、大工の掘立小屋か、紺屋の白袴に類するものである、ということになった。
童心にたち返った、善良なる僕たち一行を迎える日高連峰は、意地悪るく暗雲低迷の中に姿を没して、その山脚すらのぞかせず、小雨降る中を、ジープでピリカペタンの合流の近くの、本名造材事務所までいった。
初日の行程は、車に乗って駄弁っただけであるから、年配組でも少しの衰えも見せず、意気軒昂で、リュックからウイスキーのビンなどをチラつかせてはニタニタする。
いくら北海道の山の中でも、燃えさ

かるドラム缶のストーブの側では、少々汗が流れたが、第一夜はケンケンガクガクで騒々しかった。

早起き商売の百姓が、未明に寝袋から抜出して見上げる空は、依然として結構ではなかったが、まんざらでもなかった。ガス（濃霧）が盛んに上昇して、真夏のうっそうたる樹林が見えつかくれつしていて、しっとりとした美しさを見せていた。

続いて起きてきた隊長のＫ氏は、

「あ!!　山にゆげが立ってるから晴れる」

「おいおいできたてのまんじゅうとわけが違うよ」

「まあとにかく今日は晴れます」

隊長は自信たっぷりである。精神年齢が十代に若返った一行は、相変らずガヤガヤとわめきながら、出発したのは六時。

エサオマントッタペツの合流で、林内歩道も消え、それからは川の中をジャブジャブ歩くことになる。広い河原で休む。山にゆげが立ったせいか、雲が切れて真夏の日光が流れる。隊長はすっかり気をよくして、

「なんです!!　今からこんなところで長休みなどして」

「今に見てれ!!　ものいえなくなるから」

「いやそれどころか、屁も出なくなるさ」

「そうだ、今のうちしゃべることあったら、しゃべっとけよ」

どうも年配組の会話は品がおちる。

連日山は晴れていなかったが、雨が落ちなかったせいか、沢の水は渇水期の状態で、足をさらわれたり、ヘソまで濡らすこともなく、僕たちは案外まともに歩き続けた。

歩くほどに、沢の正面に、屋根型の堂々たる北トッタペツが、切れこんだ谷に細長い雪渓を無数につけて現われる。

僕たちは三時頃、三股の少し下流の河原で飯を食ったが、ここからはトッタペツもよく見えるし、流木もしこたまあるので——今日は早じまい——ということにして天幕を張った。年はとっても山ズレした優秀メンバーだけに、キャンプワークはいともあざやかだった。「久しぶりで飯盒《はんごう》のママ食えるぞ」というよろこびに、年甲斐もなく喜々として働らくことは驚くばかり、

七ッ沼カールの幕営

「いつもこんなに働けば、おめえもかあちゃんに信用つくべな。見せてやりてえもんだ」

「山登りするやつのとこさ、嫁にいくなっちゅうぞ」

「そりゃ誰のことさ」

「誰のことだか、胸に手をおいて考えてみろ」

百姓の僕は、こんな会話を聞きながら、トッタペツのスケッチに多忙だった。

「これにも描いてくれ」

「なんだ、まだ一枚も描いてねえじゃないか、不勉強だぞ」

「いや、はじめっから描いてもらうつもりで持ってきたんだ」

こんなのには助からないが、にくらしくもない。

もっと柄の悪いのは、

「おい!! 俺のぶんもたのむぞ」

こんなわけで僕は、山行が終るまで、何枚描かされたかわからない。

僕たちは、石の腰かけに、石の食卓で、久々で賑やかな山の晩さんをもった。特にウイスキーの乾盃は、胃袋にも心にも滲み渡った。この夜の料理は、目下売こみ中の炊事係長のI嬢が、花嫁学校で習ったばかりの腕を振ったので、概して好評だった。

夜は盛大なたき火をかこみ、歌を歌い、漫談に夜の更けるのも忘れた。

トッタペッ岳の朝の姿は美しかった。僕たちは、晴天に心をはずませて歩いた。三股をいちばん左の沢にとり、トッタペッ南方の鞍部を目標に溯行した。白い泡沫をあげて、小さな滝が断続する沢をしばらくのぼると、残雪が現われる。このあたりまでくると、年配組は至って静かである。

「あまりしゃべらんようだな」

「景色が美しいから、感心してるところだ、しゃべるどころじゃないよ」

「年をとると、うめえことというな」

「年はダテにとらねえよ」

国境近くになると、お花畠が美しい。急傾斜の草付きには、黄金のチシマキンポウゲが、目を奪うばかりだったし、アオノツガザクラの大群落が沢頭をうずめていた。

「ヤッホー、見えるぞ」

　先頭のカメラマンK君が、国境尾根に立って叫んだ。このあたりになると、誰も無駄口をたたく者はない。ツガザクラにつかまってハアハアいう最中である。

　間もなく僕たちは、ハイ松の尾根に立って、足下に大きく展開するポロシリ岳の、七ツ沼の大カールの景観に、しばらく言葉もなく、感激の一時をもった。残雪とお花畠の新鮮な緑の中に、なだらかに起伏して、ハイ松のコロニーをもつモレーンの丘の間に、青空を映して青く澄んだ水、あるいはまた、

七ッ沼カールの幕営

白く反射してハイ松の中深くひそやかに湛える水など、大小七ツの沼が、この大きな二千米×千五百米のカールボーデンに、珠玉のような美観を作り出していた。

かつては、われわれの先人であるアイヌ人たちが、熊を獲るためにしばしば足を入れたこの静寂の秘境は、僕には、伝説と不可思議な夢がひそんでいるように見えた。

ポロシリはその名が示すように、悠大な山体を雲間に隠見させ、真夏の日光を浴びて輝やく緑のカールをどっしりと抱いた姿は、息がつまるほどの美しさである。僕たちは、しごかれた体を休めながら、茫然とした楽しさをもった。

描く者は描き、歌う者は歌ったあと、僕たちは、カールの中に拡がり落ちる、トッタペツの大斜面のお花畠をトラバースして、あこがれの幕営地に向って下っていった。僕たちはもううれしさで胸いっぱいだったので、疲れた足も軽く、カール

ちんぐるま

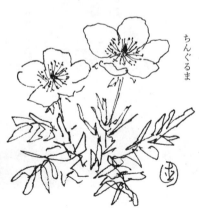

ボーデンに吸いこまれるような魅力を感じながら、足を早めた。

　僕たちは、思い出をより一層美しくするために、一番美しい場所に天幕を張ろうと、ポロシリ直下の二番目に大きな沼まで歩いた。そこには黄金のミヤマキンポウゲの大群落があって、カールボーデンの末端近い場所だった。

　午后五時、僕たちは美しい沼のほとりの、やわらかい草原に、秀岳荘自慢のオレンヂ色の天幕を張った。僕たちは、この美しい風景を損うまいという心使いから、燃料のハイ松はわざわざ遠方から運んだ。やがて炊煙が静かになびいて、沼の上を流れてゆく。夕空にはトッタペッツが頂を現わし、静止した沼の水面に、美しい倒影を見せる。トッタペッツとポロシリをつなぐカールバンドは、この広やかな平坦部を包み、カールの落口のほとりには、美しい白樺の樹林があった。谿《たに》を渡り、尾根を登り、お花畠を何の屈託もなく、自由に漫歩するオヤジ（熊）の踏跡が、小道のようになって、自由な彼らの行動が、強烈な余韻を残していた。

　静寂と清潔で鮮明な色彩、峻烈なカールバンドや岩峰こそないが、滑らかに円形にえぐり取られた、何か懐古的なイメージと多彩な詩情を豊かに包む空間が、旅人の心に安らかな呼吸を与えずにはおかない。峰を包む気まぐれ者の雲が、斜陽を浴

トッタペツより幌尻岳

びてピンクの光を放ち、音もなくこの大きな空間に流れこんでは消え去る。こんなふんいき の中での、人間の行動は、なんと美しく見えることだろう。

僕はたき火の側にすわって、スケッチの着色に忙がしかったが、仲間たちは、煮こぼれする飯盒の、食慾的音楽を聞きながら、たき火のまわりに立ち、思い思いの方向に目をや

り、心をうつし、環境の美しさに心を休め、登山者だけが知っているあの魅力ある心の安らぎに幸福を感じていた。

「あッ!!　エサオマンだ」

突然カメラマンのK君は、八ミリを抱えて走る。南方の雲が切れて、エサオマントッタペツが満身に斜陽を浴び深くえぐれた新冠《にいかつぷ》川上流のカールバンドに残雪をつけ、輝くような多彩な姿を現わし、すでに夜の冥想におちた谿の上には、冷い白雲が、静かな流動を見せていた。

仲間は一瞬ざわめいて、カメラを持って動めく。

「おーい!!　めし焦げるぞ」

僕は筆を動かしながら気がもめる。

山の頂から名残の光が去った頃、僕たちは豪華な晩さんをもった。ウイスキーには雪を入れてハイボールとしゃれこみ、山盛りにされた野菜サラダは、炊事係長I嬢の腕の見せどころだった。

その夜は星も輝いたし、月も出た。登山者にとっては、これ以上のサービスはない。コーラス隊に早変りした仲間は、仕入れた歌のあるだけを歌いまくった。I嬢は鈴を振るような美声で、年配組の旅愁を慰めてくれたことには、感謝しなければならない。そのあとは心よい熟睡があるだけだった。

早起、早飯、早糞は、百姓の特技だけあって、百姓の僕の早起は、惰眠をむさぼる商人やサラリーマンの追従を許さない。天幕の入口から見上げるトッタペッツの頂は、まだ夜のねむりからさめず、黒く空に浮んでいた。僕はひそかに笑をもらし、天幕から抜出る。火

むしとりすみれ

をたき、飯盒をかけて吸う一ぷくの煙草のうまいこと。

新鮮な朝の光に、けんらんたる風景が作り出される頃、僕たちは賑やかな朝の食事を終って出発したが、その時にはもうトッタペッツは雲にとざされてしまった。

朝露に濡れた花の群が、清新で美しい。沼の対岸には小高いモレーンの丘があって、そこには数多くの花が咲いていた。

「画伯!!　これはなんという花だい」

僕は少し考えたが、なかなか名前が出てこない。

「うーんと、それはなんだっけな、ああそうそう、それはねエゾタカネノハナだよ」

聞いた医療係のS君は、少し妙な顔つきである。又しばらくするとI嬢が
「画伯!!　この花はなんていうの」

豆やエンバクを畑で作る商売はしていても、独りで育っている山の雑草なんて知っているわけがない。

「画伯は商売繁昌で多忙なんだよ」

「ちょっとでいいから」

実はその花の名前も忘れて思い出せない。初恋の女性の名前ぐらいなら、たったひとつだし、一生忘れもしないが、こう何百と数知れぬほどある花の名前なんて、たとえ美しいにしたところで覚えていない。こうなると仕方がないから「あ、それか、それはな、白い方がなミヤマシラクモで、ピンクの方がね、さっきS君が聞いたやつのバライテーで、ヒメエゾタカネノハナだよ」

I嬢の顔をチラリと見ると、どうもおかしいという表情である。

「じゃこの花は」

「忙がしいな、それはなうーんとなんだっけな、ちょっと口まで出かかってるんだがね——ああそうそう、思い出したよ、そいつはねウマノホネ科のエゾゴマノハエだよ」

こうなってはもう駄目である。

「うそばかりいって、さっきからどうも少しおかしいと思ってたら、でたらめばっかりいって」

I嬢は僕を横目でぐっとにらんだ。僕はおかしくて腹を抱えて笑いこけた。うそもこうなると実にたのしくてよろしいが、以後は正当な答をしても、ニヤニヤしてまたかというような顔をされた。

僕たちは、カールバンドに残った大きな雪渓を横切り、急傾斜のお花畠を登った。大雪山群にはやたらにあるエゾコザクラは、ここでは一週間の間、この雪渓の末端で数本見ただけだった。僕たちはトッタペッツ岳西方の最低鞍部に出て休んだ。沼のほとり遠く、オレンヂ色の天幕が、小さくではあるが鮮やかに見えていた。

トッタベツ岳

「私の作った天幕は、どこからでもよく見えますな。あれでは天幕が見えなくて、遭難する心配はありませんな」

　誰もほめてくれないので、山に来ても商魂たくましい秀岳荘のK隊長は、PRを忘れない。

「馬鹿いってら、晴れてて遭難するやつはよほどの間抜けだよ」

「いや、ところがそんな間抜けが近頃はやってね。遭難もスリルがあってたまにはいいらしいですよ」

「間抜けた話は止めて、ビール

でも飲もうや」

「なんだ、今出てきたばかりだ」

今日は、サッポロビールの缶入りが、一個ずつ配給になったからである。しかしうかつに飲むと、あとでどんな目に合うかわからないので、誰も飲む人はいなかった。

尾根の北側は意外に晴れていて、遠くは夕張、アシベツの連峰が望見されたし、新冠川上流の深く落ちこんだ沢のうねりが、緑一色の中にあざやかに見えていた。しかしポロシリだけは、今日もその全貌を現わさないでいた。

「なんです!!　こんなところで煙草ばかりふかして」

またもや隊長に機先を制せられて、歩きはじめる。

トッタペツの西面は、風当りが強いせいか、ハイ松も少なく、露出した石コロ斜面には、小さい小形の花が多かった。ムシトリスミレの群落は特に美しかったし、ピンクのミヤマシオガマと黄色のタカネオミナエシが目をひいた。

トッタペツの頂は、絶えずガスが去来していたが、時折その切間から、北トッタペツの大きな山体が新鮮な山肌を見せる。僕たちは――こんな頂には用はない――

ということで、北トッタペッツへの尾根を歩いた。

「退屈だから、ひるめしにしよう」

と誰かがいうと、反対する者もなく、風の当らない岩峰の蔭で、ひるめしを食った。腹が張ると目の皮がたるんだ。話がとぎれたと思ったらもうひる寝である。僕はこんなところまできてひる寝するのは損だから、花のスケッチを楽しんだ。このあたりはミヤマオダマキがきれいだった。

「なんです!!　こんなところでひる寝なんかしてだらしがない」

ムックリ起上った隊長は、貫録をつけるために気合をかける。ガスが濃くなって小雨がパラパラと落ちはじめた。僕たちはあわてて歩きはじめた。

「おいビールどこで飲むんだ。かついで歩いたって、つまんないよ」

「そうだ、あの雪の中に冷しといて、帰りに飲もうよ」

北トッタペツの頂は、やはりガスの中だった。日高側から吹上げる風は、少々冷めたかったが、またもやひる寝のくせがついた一同は、横になったものの、今度は寒いから寝る者はなかった。そのうちに雨が落ちてきた。今度は少し濡れそうである。早足で下ったので、ビールのある所まで一息だった。

「こんな寒い時飲むのか」

「そんなら俺に飲ませろ」

「こうなったら何がなんでも飲むぞ」

僕たちは雨に濡れてビールを飲んだ。暑い頂で、汗をふきふき飲むはずのビールだったが、不幸にも雨の中で飲むことになった。

「いつ飲んでもうめえが、恐ろしく寒いな」

ビールの効果はてきめんで、僕たちは口びるを青くしてガタガタふるえた。

「だめだ、かけ足だ」

七ツのビールの空缶で、小さなケルンを積んで、足早やにあるきはじめた。五分もたつと、カメラマンのK君なんかは、金時の火事見舞のように赤くなって、フウフウと鼻息が荒らい。

「こんなに効くビールははじめてだ」

「ビールだって飲み方あるな、こんな安いビールははじめてだ」

僕たちは一缶のビールで、ホロ酔気分になって、賑やかにキャンプへ下っていった。キャンプに着いてから、寒くてふるえながら、濡れた服の着換えをした。

「隊長の尻やぶけてるぞ」

「やあ!!　ボロ尻見えるぞ」

「ボロ尻登山とはうまくいった」

これは隊長の失策だった。登山なんか悪いボロ服でもいい、という誤りがもたらした不幸だった。

「すみません、誰か針と糸貸して下さい」

「しおらしい声出したな、だめだよ、そんなの投げろよ」

「投げたらはく物ないんです」。

隊長はいささか貫録のない声を出した。

闇が迫って月が出た。晩めしが終ると、たき火をかこんで、一しきり楽しい歌声が流れる。

「どうも悪いくせついたな。夜になるとこれだ」

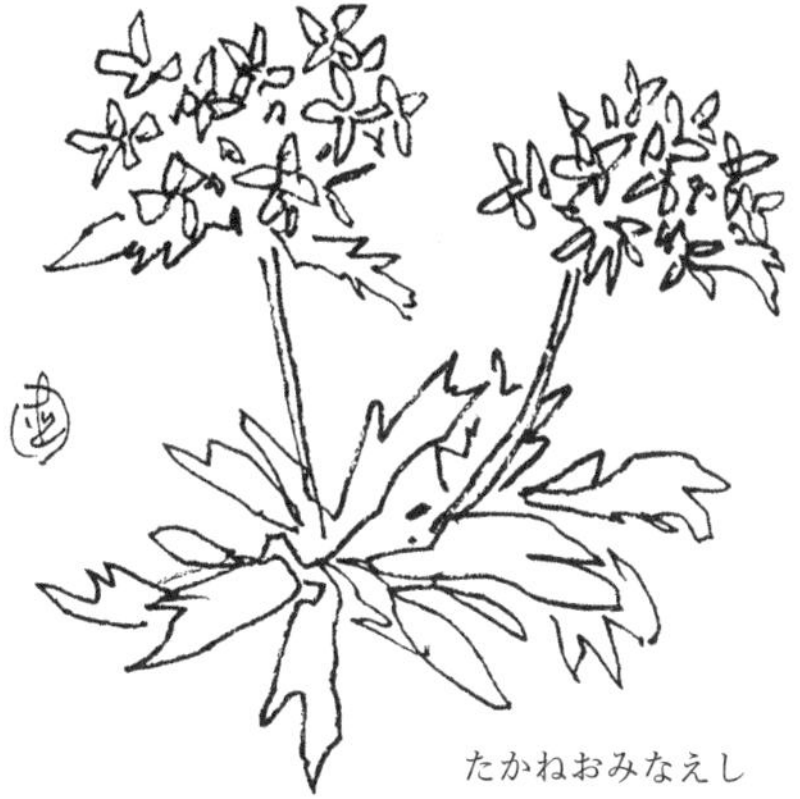

たかねおみなえし

一同が無念そうに見上げる空には、星と月があった。

「あしたはだまされないように、どこへも行かずひる寝しよう」

この提案には誰も異議がなかった。あしたは朝寝坊をしてもいいから、今夜はコンパをやろうということで、テントの中に集まって、紅茶とお菓子で夜おそくまで賑やかに過した。


朝寝ができない僕は、薄明るくなる頃、起きて火をたく。今朝もまた快晴、風ひとつない静かな朝である。たき火の煙が、いとも静かに真直に立昇る。

爽快な朝の日光を浴びて、朝食をすませると、カメラやスケッチブックを持って、思い思いの方向にプロムナードとしゃれこんで、散っていった。

静かな空気の中に、口笛や歌声が流れる。僕は、もっぱらたき火の側で、花のスケッチに夢中になった。散歩にあきるとまたたき火をかこむ。煙草を吸っていた隊長は、突然、

「天気もいいし、ひとつ久しぶりで泳ぎますかな」

と立上ると、ナッパズボンの紺色がおちて、青いまだらに染まったサルマタパンツ

一枚になるや、小走りに沼に向っていった。仲間は忽《たちま》ち騒然となり、カメラを持って走る。カメラマンの八ミリが、すばやくジーッと音をたてて隊長の後を追った。隊長はよほど自信があるらしく、悠々と深みに歩いてゆく。仲間は歓声をあげ、パチパチと拍手を送る。隊長の泳ぎは実にあざやかだった。静止した水面に大きな波紋を描き、しぶきを上げてあざやかなクロール。対岸まで百五十米もあろうか。歓声と拍手の嵐の中で、あッという間に横断して、七ツ沼のカールでの新記録を樹立した。

対岸に上った隊長は、流石に寒むそうだった。親切なI嬢は、赤いジャケツと軍靴を持って走った。赤いジャケツと紺のまだらのサルマタに軍靴の姿は、また大いに人気を呼んだ。歓声と笑声が、カールの静寂を破ってひびき渡った。

「よう‼　和製ザトペック」

これはうってつけの弥次だった。カメラマンの八ミリは隊長のボロ尻が、天幕の中に消えるまで、その尻を追った。僕たちは腸捻転を起しそうなぐらい笑った。

この日は奇妙にトッタペツの頂に、ガスがかからなかった。

「もったいない日になったぜ、ポロシリに登ろうよ」

トッタベツより1918米峰

僕たちは軽装で雪渓を登り、美しい急傾斜のお花畠をつめて、尾根に出た。珍らしく雲のないトッタペッツの姿が、妙になつかしく見えた。尾根の途中でめしを食ったが、また忽ち雲にとざされ視界はゼロになった。

憧れのポロシリの頂は、展望は皆無で雨さえ落ちてきた。僕たちは頂にあった小さいケルンを、更に大きく積みなおした。そして頂の北側の大きな岩の蔭で、晴れるのを待った。ビニールをかぶり、相変らず減らず口をたたく。医療係のS君が、

「隊長、あんたのとこで買ったこの磁石、ちっとも動かんよ」

「どれどれ、ああこりゃヤブニラミだ」

「ああこりゃ安物だ。だいたいこんな物は、山へ持ってくる代物ぢゃない。床の間の飾りさ。ここに投げてきなさいよ」

「ひやあ‼　これは驚いた商人だ」

「あんたもっと高い品物買わんからだよ、うちにもっと動くのありますよ。こんな品物持ってあるいたら遭難ものだ。帰ったらすぐ買いにきなさい。金さえ出せば、素敵な物ありますよ」

「こりゃ大変なことになった」

「おいおい、うっかり買うなよ。まただまされるぞ」

隊長はカラカラと腹を抱えて笑った。

空は晴れるどころか、雨は強まる一方になったので、心残りではあったが頂を去った。天幕に下った時には、ずぶ濡れだった。

しかし夜はまた晴れて、月が煌々と輝いた。全く不思議な天気である。


快晴の夜が明けた。今日はもう一度トッタペッツの頂に登ろうと、朝露に濡れた花を踏んで歩きはじめた。だが例によってガスが、突然展望をとざした。

僕たちは例によって、トッタペッツの頂上で、ひる寝をしたり遊んだりすることにした。時々晴間があって、突然強烈な日光が流れる。風はなくポカポカと暖かい。ピパイロが雲間に、深い谷をへだてて、ちらちら見える。頂から東に、三股まで急角度におちる尾根が、二十七年前の一月、吹雪をついて登った時のことを思い出させてなつかしい。

「しまったな、こうなるんだったら、絵の具を持ってくるんだったな」

「ああそうか、おいポーター天幕へ下って、画伯の商売道具と水を持ってこいよ」

「よしきた、とってくるよ」

若い元気なポーターのH君は、気軽に引受けて下っていった。そう遠くはないにしろ、足下に点のように見える天幕まで、往復することは、楽なことではない。こんなことが気軽に行われる山仲間の心の暖かさが、僕の胸にしみた。三十分もたたないうちに、H君の姿が、天幕近くに動くのが見えた。

頂の周囲は無風のようだが、上昇気流があるらしく、色々な虫が、たくさん集まってくる。食糧を包んだ紙が、あッという間に空高く吸揚げられて見えなくなった。隊長は、

「あれが千円札でなくてよかったよ」

「山にきた時ぐらい、金のことは忘れろよ。あれが千円札だったら、隊長は気絶ものだ」

笑いながら隊長はもう一度紙を置いてみた。それも同様、忽ち舞揚って見えなくなった。

「隊長、今度は千円札だ」

「冗談じゃない、うちへ帰られなくなるよ」

これはまことに愉快な現象だった。飛脚のH君は、一時間かからぬ早さで、注文の品を持ってきてくれた。

僕は心で感謝しながら、彩管をふるったし、紅茶もわいて、いっそう楽しかった。しゃべりつかれた仲間は、またもやひる寝である。こんなにひる寝をする山登りなんか、めったにあるものじゃないが、楽しいことには違いない。

自由奔放な雲は、深い谷に流れこみ、舞い上り、時々その切目から、強烈な色彩をもった山肌が隠見する。残雪は目を見張るほどの白さである。

心よいねむりからさめた仲間は、今度は腹が減ったせいか、「いくら寝たって晴れないから、下ってめしでも食おう」

今度は、カールへ走るいちばん大きなガレを下ったが、これはよいコースだった。夕めしの用意をはじめると、またもや山は晴れ上り、美しい夕景が僕たちをよろこばせた。

たき火のすぐ側のハイ松の中で、ナキウサギが、小鳥に似た声でしきりに鳴くが、姿は容易に見せてくれない。人気者のシマリスは、いつもすぐそばまでやってくる。ハイ松の実を、器用にたべる姿が可愛いかった。

快晴の朝である。残念ながら、炊事係から食糧欠乏が報告されたので、今日はいやでも、この美しいカールを去らなければならなかった。

僕はポーターのH君と朝めしも食わずに三度目のトッタペッツに登った。今にガスが来るのではないかと心配で、あせって登ったが、今日こそ終日大丈夫らしかった。

その山腹に数々の大きなカールを抱き、群峰を圧するポロシリの巨大な山体が、今日は一片の雲をもつけることなく、その全貌を現わしていた。これほど大きな山体をもつ山というのは、道内の山では、トムラウシぐらいであろう。あまり大きいので、八号ぐらいの紙でも、どうしても全体がおさまらない。東方にはまた、ピパイロの巨体があった。南方には、札内川上流のカムイエクウチカウシが、

みやまはんのき

周囲の重なり合う峻峰より、一段と高くその頂をせりあげていた。

H君は僕の荷物を置いて、再びキャンプに下っていった。彼は今度で、四回トッタペッツに登ったことになる。

僕は独りで悦に入り、スケッチに多忙だった。最後の日にようやくつかんだ、この快晴無風の頂の時間は、よろこびとともに夢のように過ぎた。僕は十二時にトッタペッツ南方の国境尾根で、仲間と落合う約束である。炊事係のI嬢は、この快晴を逃がしては、というので、単身ポロシリを往復した。

僕は仕事を終ってから、下のキャンプに向って約束の合図をした。キャンプは撤収された。

僕は何の未練もなく、商売道具をかつぎ、約束の地点に向ってこの頂を去った。美しい展望にキョロキョロしながら、ゆっくりと下っていった。そして仲間と落合った僕は、朝めしとひるめしを一度に食った。

沢の水は更に減っていたので、あるきやすかった。このぶんならば、途中の一泊をやめて、初日に泊った飯場まで、一気に下ることにして足を早めた。

僕たちは足元がわからなくなった頃、飯場にたどりついた。飯場の人の好意で、一同は風呂に入り、のびたヒゲをそり落し、快適な気持でストーブの側にあぐらをかき、役人のM君が、飯場で手に入れたアイヌビール（焼酎）で祝盃を重ねた。なんと有難い幸福な旅の終りだったろう。僕はランプの下で、何冊も描いてきたスケッチを拡ろげて、楽しかった山旅の思い出を、もう一度たどってみた。

楽しかったポロシリの歌声は、今でも当時のスケッチブックをひらくと僕の耳にひびいてきて、あの美しい静かな七ツ沼のカールの情景が、隊員の顔といっしょに胸に迫ってくる。

それから一月半たったある日、僕は札幌を訪れた。その時、ポロシリ登山の八ミリ大映画の封切が行われた。

映画館は、隊長の秀岳荘の仕事部屋である。先ず、封切前に、隊員の晩さん会が開かれた。場所はむろん、秀岳荘屋上の物干台である。この夜は、足早に流れる雲間に月が輝き、群峰ならぬ数々の屋根がひしめき合う、という風景であったが、食卓はジンギスカンにビールの豪華版で、ポロシリの歌声の再開でもあった。

大映画は、カメラマンK君の編集で、手のこんだタイトル付き。それから三十分間は、隊員は、日高山上のプロムナードを楽しんだ。隊長が沼を横断するシーンはクライマックスでここでも拍手の嵐だった。山のつどいはかくも楽しく、限りない若さと生きるよろこびを胸にとどめた。

又吉物語

もう冷気を感ずる秋の雨あがり、私は戸外へ出て、雨に洗い出されて日増しに美しく色づいてゆく柏の樹林や、晴れあがってゆく南日高の、もう雪をまぢかにひかえた冷い山脈の色などを眺めていた。

畑の向うから、ヨボヨボとした足どりでやってくる老人らしい姿が見えた。しかしそれは、間もなく、しばらく会わなかった又吉であることが直感された。又吉とはかれこれ二三年も合わなかったように記憶する私は、彼の突然の来訪に大きな嬉しさを感じた。

間もなく、鉄砲をかついでヤチダモの細長い杖を片手にした又吉が、フサフサとのびた白いヒゲにうずまった顔に、なつかしげな感情をたたえながら、私の目前に現われた。しばらく見かけなかったが、又吉の足どりはひどくヨボけてきたようだった。

「ヤアーしばらくだったな。元気で結構」「大将も元気だなあ」と彼はいともなつかしげに腰をのばした。「もう何年も会わねえ気がするな」

「ウンだとも——オラもこっちさきねえからな」

私はしばらくぶりで会ったなつかしさとよろこびで、ただ又吉をしばらく眺めていた。彼を知ってからもう二十年にもなるだろうが、今もまた深くくぼんだ目にはいつものように人間的な暖かさと、自然と共に生活するなごやかさというもののなかに、何かしら凛とした動かし難い人をひきつける輝きを感じた。私には自然を凝視する彼の目のなかに、自然のすべてを知りつくしたという気持が読みとれる。何十年という長い年月、彼にいろいろな圧迫を加えたシャモ（日本人）に対しても、おそらく同じまなざしで見送ってきたに違いない。

アイヌの老人に共通して感じられる眼光の淋しさは、民族の運命の悲哀でなくて、ロマンチストである彼らの生活からにじみ出る純真さであるように、私には感じられるのだった。そして貧乏など念頭にない生活力とおちつきが泰然とした彼の五尺そこそこの短軀のなかに溢れている。彼はおそらく、命を的に、オヤジ（熊）に古色蒼然たる鉄砲の筒先を向ける時にでも、あの眼光には、何の変りもないのではなかろうか。

「相変らず元気だな、鉄砲しょって」

「おめえとこさ今オヤジ出てるべ、おら獲ってやんべと思ってさ」

「そうかい、それは有難い。もうこの頃は用心悪るくてよ、夜なんか呑気にあるけ

んよ。それに牛も馬もめん羊も心配でな」「ウンだべさ。もうめん羊何頭やられた」

「部落でもう三頭やられたよ。それに毎晩トウキビ畑は荒らされるしよ。おまけにおそろしくあるく野郎でな、毎晩部落一廻りするらしいぞ」「でけえ（大きい）のか」

「いや、そうでかくないんだ。足跡で七寸五分くれえだな」

「ウンだば四―五十貫くれえだな」

「でかくたって何も牛馬に手出ししねえ野郎なら気にかけねえが」

「ウンだ、ちゃこく（小さい）てもくしえの悪い野郎は困るんだ」

「ところでじいさん、これからどうしようってんだい。すぐ暗くなるぜ」

「おら雨あがったから、オヤジの足跡はっきりするともって出てきたのしゃ。もっと早くくるちもりだったけどな、おらも年とったでや、歩りけねえよ。これから浜さ下って、カシマさ泊るべと思ってよ」

「そりゃ無理だよ、もうぢき暗くなるよ、今夜は俺のところさ泊れよ」

彼は少し遠慮したふうに見えたが、すぐニッコリして、

「しょんだばあ大将のとこさ泊まるべか」

子供たちは、好奇心とうれしさで、又吉をとりまいた。

「ワラシども皆達者だな」

山登りが好きな私であることを、人から聞いて知っている彼には、自然を愛する者同志の気安さと親しみを互いに感じていて、そう何回も会って話合った機会もなかったのだが、もう昔ながらの友だちであるような気がしてならないのである。

又吉は肩からヨレヨレの何も入れてないリュックをおろし、腰から皮のサックをかぶせた大きなタシロをはずした。鉄砲は大事そうに、上り口の片隅に立てかけた。そしてボロきれを丁寧に重ねてさし、底にゴム長のベラを切って縫いつけた足袋をぬいだ。

「足やばちくてな」「何、かもうこたあねえよ、子供ら外からはだしで上ってくるんだもの」

家では、家内をはじめ、子供たちは、珍客を迎えて大よろこびだった。

にぶいランプの光りに照り出された彼の風貌は、人を圧するものがある。また私には一層美しくおごそかにも見えた。何年もハサミをあてたことなんかないだろうと思われる、カールした頭髪、それにフサフサとしたあごのヒゲは、何も手を入れない自然の美しさと共通した美しさが溢れていた。どっかとストーブのわきにあぐらをかいた又吉は、子供たちにとっては、また、お伽《とぎ》の世界からきた使のようにも見えたであろう。

私は又吉の愛用の銃をはじめて見た。

「じいさん鉄砲見せろよ」彼はうれしそうに、私に銃を渡した。

「弾はいってねえか」「いや抜いてあるしゃ」

彼の愛用の銃というのは、驚くべき品物だった。それは、よくもまあこんな道具で、猛獣に立向ってゆくものだと、あきれるようなものだった。どこもかしこもガタガタした、古色蒼然たる村田銃である。そして銃床には、長さ一尺ぐらいの三分丸の鉄のボートが、ゴム長のベラを切ったのを釘で打ちつけ、その弾力を利用してはさめてあった。これはちょっと私にわかりかねた。

「じいさん、この鉄の棒何するのよ」

彼は大きく笑いながら、

「しょれか――しょれはな、ぶった時ケーシ抜けねえことあるんだ。しょの時先から鉄棒入れてケーシばどんじくんだ。ちぎの弾こめられねえと困るからよ」

これにはますます驚いたりあきれたりだった。猛獣を眼前に、第一弾を放ってから、抜けないケースをはずすために、筒先から鉄棒を入れてケースを抜取り、第二弾をこめる呑気さというよりも、その度胸や自信もさることながら、私には、彼の奇抜な着想のなかに、命がけのユーモアや愛嬌をすら感ずる。こんなのはめったにあるものじゃない。

自然との斗いと、その利用が彼らの生活の伝統であるとすれば、こんなことぐらい朝飯前のことかもしれない。敗戦後、あるところで、一頭の巨大な熊が牛を一撃でなぐり殺ろし、ひどいブッシュの中を沢を横切り、牛を前肢で押しながら、多数のハンター環視の中を、平然と運んでゆく壮烈な有様に度胆を抜かれ、近代装備の連発銃を持った一米兵が、引金を引きかねて尻込みしたという話を思い出して、又吉のそれとこれとは面白い対照だと思った。

「じいさん、矢張りこうねらってぶつのかい」

「いやそんなこたあしねえし、しょんでは間に合わねえんだ。銃砲こうもったらな、しぐぶっ放すんだ。したら当るんだ。おら熊近いと思ったら、いちも鉄砲わきさかかえて歩りくのよ、しょうでねえと間に合わねえことあるからな」

そういって又吉は銃をこわきに抱えて見せた。そして快心の笑をたたえた彼の全身には、再び若い血が脈々として通ってくるのだろうか。さきほどヨボヨボとした足どりで歩いてきた老人とは、およそ違った、シャンとして筋金入りの人物に見えた。私は一発で熊を倒した時の、彼の誰も見ていない勇敢さと、熟練した銃のさばきに、得々としてニヤリと笑をもらす、息づまるような壮烈極まりない一幕の劇を想像してみた。子供たちは片唾を呑み、又吉をぐるっととりまいて、彼の口からもれる驚異的な言葉の数々に、目を見張って聞入った。

「おじいさん、熊かかってきたらどうするの」

これは子供たちの心配なのである。

「熊かかってこえば有難てえんだ。おら一発で必らじやるんだ」

「当らんかったらわ」

「おらなあ、当んねえと思ったらばぶたねえんだ。だから見ろ、おらのどこさにも爪ひとちかけられたこたあねえんだ」

又吉は体をいからせて見せた。そして家内のすすめる焼酎のもっきりがまわると、ほのかに顔を紅潮させ、彼の快心の思い出をポツリポツリと語るのだった。

「おらあ一杯ありゃ、一時間でも二時間でもかかって飲むのしきでよ」

といって、彼はいかにもうまそうにコップのアルコールをなめるように楽しんだ。

「シトキはひでえ怪我してたなあ。肩と腕によ。あれぢゃもうオヤジば打てねえだろうよ」

「シトキの奴あなんでもかんでもぶっ放すからよ。あしえってなあ。そいだからよたしになんねえとこさ当るからよ、危ねえんだ」
「じいさんは何間ぐらいでぶつのよ」
「そんだなあ、近い時にゃ二三間ぐれえで、筒先おっつけるようにしてな、こんな時目ちぶっても当るんだ。

遠くて二十間だな、それ以上だばおらあぶたねえんだ」

これは又吉の体験から得た、コツというものなのだろう。

「オヤジの奴、向ってかかってこえば有難てえんだが、逃げるからぼいかけるのにかって腹減ってよ、近間《チカマ》でばったり会えば怒ってよ、でけえ声立てて口開いて立上るんだ。こうなりゃ注文通りよ。心臓一発でやるんだ」

そういって又吉はにやりと笑った。

「その時おっかないでしょうね」と家内がいうと、

「しょの時だばしごいキバむき出してよな」

又吉は熊がするように両手を挙げて、ヒゲにうづまった口を大きく開いて、小さなきれいに揃った歯を出してまねをして見せた。

「オヤジ待ぷせした時な、向うからやってくるべ。野郎なも知らねえで近間さ来るんだ。頭下げてよ。これじゃぶてねえんだ。こんな時あおらいちもエヘンとでっけえ咳払いしるんだ。しるとな野郎びっくらして吼えながら立上るべ。そしたらおらの注文通りよ」

これは驚いた話だった。

「大将、おらにあの畑さあるトマトごっちょうしてくれな。ひとちでもふたちでもえんだ。おらあれしきでよ。ナシ（茄子）もよくできてるなあ」

私は又吉にほめられてうれしかった。

「二三回霜に当ったけど、まだ少し食えるのあるべよ」

「おらならトマト少しくれえ青くたってうめえんだ」

私は子供にトマトを採ってくるようにいったが、子供も家内も、近頃は少し暗くなると、もしかするとまたトウキビを食いに熊が出てきやしないかという心配があるので、誰も志願する者はいなかった。私はランプを下げて畑に出かけた。雨あがりの空は満天の星で、ひどく冷気を感じ、あすの降霜を思わせた。私は少し尻の赤らんだトマトをちぎってきた。又吉はうまそうにそれをかじった。「おらすばらくぶりだ。うめえな。大将よくじょうじにちくるな」

家内は、又吉の話を夢中になって聞いていて、ナベの南瓜をこげつかしてしまった。

「おじいさん、今まで何頭熊獲ったの」と家内は、こげついた南瓜の塩ゆでを、皿に盛りながら聞いた。

「おらか、そんだな八十四頭獲ったしゃ」

　この記録には私たち一同は驚いてしまった。子供たちは「じいさん獲った熊皆たべるの」

「うん、たべるやちもあるし、たべられぬやちもあるな」とシャモにだまされて、巻揚げられることも度々あった話を語るのだが、ひがんだ人間になっていない彼の大きな気持と、素朴な人間性に私は胸を打たれた。

「昔あオヤジ原野さいっぱいいたからな。ひとちき（一月）に四頭や五頭はらくに獲れたけど、今ひらけたからな。それにオヤジも近頃利巧になってよ、逃げるの早くてよ。おらも年とったしな、年だけは有難くねえで、足冷やせばしんけちう（神経痛）起きるし、戦争ではき物ねえしな」「じいさん初っからオヤジうまく獲れたんかい」

「おらだってはじめおっかなかったで。おら二十一の時鉄砲かちいでジャッコ（ヤマベ）ちりさ行ったのよ。したきやでっかい奴に会ってよ。おらたまげてしまって、鉄砲ねらっても体プルプルしてねらい何んぼにもちかねえべ。すかたねえから鉢巻してた手拭とってよ。細木にしばってぶっ放したきゃうまく当ってよ」

体がふるえても、これだけの余裕があるのは、やはり民族の血のおかげであろう。

「しょれからしこし面白くなってよ、三頭穫ったきゃ度胸ちいたのよ」

　上機嫌になった又吉は、いろいろな話を語ってくれた。彼の話によると、昔の広尾港は（広尾はピラオロで崖のかげという意味だそうである）松前藩の管轄であって、当時派遣された役人とメノコ（娘）の間に、たくさんの混血児ができたが、自分もその一人だということである。そういえば彼の容貌には、混血の面影は感じられないが、体つきのどこかに日本人臭いところがあるように思われる

が、真実かどうかはわかりかねる。そして十六才の時に、初めて日本人の娘を見たと語った。「どうだいじいさん、その時きれいだと思ったかい」

「うん若かったからな、そりゃまんじゃらでもなかったしゃ」といってニヤリと笑った。

それから又吉は面白い話を聞かせてくれた。彼の話の模様では、当時米国の宣教師らしい人が来ていたが、帰国する時一人のピリカメノコ（美しい娘）を連れて帰った。その間にできた子供だか孫だかよくわからないが、それがマッカーサー元帥であるということで、つまり又吉の話では、マッカーサーもアイヌの血が混っている人物であるとのことで、これは彼もかたく信じているらしかったが、興味ある意外な物語りの一つであった。しかしこの物語は、戦争や侵略の歴史によくある類いのおとし話の一つであろうが、封建的な彼らの考えのなかにある、偉い人物との何らかのつながりによって、自らの誇りを考えたがる心理が産んだ物語りの一節であるようだ。

日高の山の話は、私とよく合ったし、こんな友人は彼にも私以外にはないので、それはほんとうにうれしそうな、また私にとってもうれしい夜の一時であった。

野塚川（ヌプカペツ）の奥の或る沢には、白い石（これは石灰岩であることが、後で彼の家を訪問した時にわかった）があって、そのあたりには砂金があることなども聞かせてくれたし、また釧路から攻めて来たアイヌの一団と十勝のアイヌが斗ったが、その時、チャシ（要塞）を作って応戦したそうで、そのチャシのある場所を知っていると語った。私はその場所に又吉を案内させたいと思っているが、まだ暇がなくて果さないでいる。

更に私たちは、美しい物静かな声で歌う、アイヌ語の子守歌を聞いた。それはひどく哀調を帯びたもので、私たちの胸を打った。アイヌの歌は、私はあまり聞いたこともないのだが、彼らの声そのものがひどく哀調を帯びたものである外に、メロデーそのものも沈んだ物悲しいものばかりで、明るいものはないようである。それは彼ら民族の歴史が示す運命の所産であるからでもあろうか。あぐらをかいて、目をつぶった又吉の口から流れ出る歌は、たぶん彼自身の幼い頃の環境――それは自然と彼ら以外はこの世にはなかったような自由の世界に、再びつれもどしてくれるのであろうか。そしてまたそれは、彼自身の幼い頃の、思い出の世界をしみじみと追憶するかのようにも思えたし、冥想と歌とが見事に調和したふんいきが、私の心に切々とひびいた。

　歌を終った又吉は、少しの間、目をつぶって冥想して、楽しかった自然の恵に思いを走らせているようだった。文化というものが、彼ら民族の生活の基盤を破壊し、奪い去ってしまった今日、かつて自由の世界を飛び廻った思い出は、おそらく彼のはげしい郷愁を呼び起さずにはいられないであろう。果して彼は突然――

「大将んとこの川さマスのぼるべよ、アキアンチ（鮭）はどうだ」

「じいさん皆獲って食ったんだべよ、マスぐれえのぼるが、アキアジだらさっぱり」

「うんだか――昔だばのぼったけな。川漕ぐ時、足さ邪魔になったぐれえだった。棒こ一本あればな、ひっぱたいてよ、いちでもしぐ獲れたものよ」

　たった一匹のマスを、三人がかりで追い廻し、やっとつかまえて鼻の穴をふくらまし、息をはづませながら武勇談を私に語った子供たちにとっては、まことに好ましい唾涎《すいえん》おく能わずの、うらやましい話でもあった。子供たちは片唾を呑んだ。

「ジャッコたば黒くなっていたど」

「今でもそんなにいればいいいな」子供たちはざわめきながら、思い思いの想像を語った。

又吉はまたこんな話もした。夏の熊は獲らないという。それは獲ったところで、第一に皮は売物にならないし、おまけに肉はまづくて油もない。また金になるキモ（熊の胆嚢）も小さく、損なことばかりで利用価値がひどくさがるからだというのである。肉と油は彼らの何よりの食糧だからであろうし、キモは青草を食うとひどく小さくなるが、秋になって木の実を食うようになると大きくなるそうである。熊は雑食というが、ふだんは殆んど草食である。殊にフキは好物で、その他草の根もほじって食べる。

彼らの食生活は、日本人のそれよりもはるかに多くの蛋白と脂肪をとっているようだ。それだから貧弱な農耕でやってゆけるのだろう。又吉の話では、なんでも熊の脂肪でいためて食べるし、熊の肉や魚の乾肉は、年中彼らの食卓に出るのである。それに野草の類は、食用と薬用との利用法を知りつくしているので、不自由は感じていない。

アイヌネギは彼らにとっては、中国人のニンニクにも匹敵するものであろうが、又吉はこれをアイヌネギとはいわないで「ワシのネギ」といってカラカラと笑った。

自らアイヌという言葉をいいたくないのであろう。北海道では通称アイヌネギまたはキトビルとかキトピロというが、植物学の方ではギョウジャニンニクという。しかしこんなところにも、圧迫された民族の悲哀がしみじみと思われるのだが、彼にはまだ熊獲りにかけ廻る世界が、熊の数こそ減ったであろうが、彼の生活のなかに確保されていることが、彼の純真さと健康を保持させている大きな原因であるようにも感じられた。自然的なもののなかには、多くの場合合理性というものが認められる。又吉の歯を見るとそれがよくわかるだろう。彼がニッコリ笑った時、ヒゲの中に並ぶ美しい揃った歯、八十の坂を越したのに、虫歯どころか、焼酎ビンの栓を歯であける頑丈な歯を見ただけでも、このことが理解されるだろう。またどんな遠方からでも、熊の姿を見逃さぬ彼の視力、これは驚異に値するだろう。だが文化人といわれる人間ほど、体に具わった道具は、若い頃にすでに使物にならぬほどガタガタである。

私たちの話は、夜ふけまでつきなかった。子供たちもこの夜だけは、いつまでたってもねむくならない程、お伽話の世界から抜出てきたような又吉老人の話は、絶大な魅力をもっていた。

「ああたくしゃんよばれたな。おらしゃべってくたびれたで、休ましてもらうべか」

と又吉は柱につかまりながら、ヨボヨボと立上る姿を見れば、この老人がオヤジを追いかけ、何日も山で寝泊りするとは、夢にも考えられないようだ。「じいさんいくつになるの」「おらか——おら八十三だよ」

日本人にして、この年でこのエネルギーとファイトを持っている老人はいるだろうか。彼は上機嫌で二階へ、手すりにすがり足をひきづるようにして昇っていった。

「おらどんなとこさでもよく寝れるんだ」

とがったひ弱い神経など、彼らの世界にはない。

翌朝又吉は、トマトを可愛いい孫たちへの土産だとよろこびながら、銃を肩に、私の牧場の樹林地へ下っていった。

私も又吉の後姿にひかれるように、後を追うて樹林地へ下っていった。家の中や道路で見る彼の姿は、ヨボヨボの老人だが、今見る彼の後姿——腰に大きなタシロを下げ、銃を肩に樹林地をさまよう有様は、もう若返った年を知らない又吉である。驚く程しっかりとした足どりで倒木をまたぎ、草を分け、さっそうと樹間に遠ざかってゆく彼の後姿は、私にとっては強烈な印象だった。そしてそれはまた、私に時限を忘れさせる神秘がただよう一瞬でもあった。五尺そこそこの彼の小さな体も、自然の中にあっては、偉大な体に見えるのも不思議だった。自然を圧するかのような又吉の後姿は、私にとっては、それは何か尊い宝物のような気がしてならなかった。また一方では、運命的な民族の悲哀を背負って、いつまでも若き日の夢を追いながら、自然をさまよう孤独な一人間への同情、そんな気持も交錯して深い感銘の一時が、しばしば私に時を忘れさせた。又吉はそれ以来、二年間消息を絶った。

私は時たま又吉のいる部落の百姓に会うと「又吉は元気か」と聞くのだが、いつも「ああ元気でいるよ」との返事に安心していた。後で又吉に再会して聞いたのだが、あの時のオヤジの足跡を見たが、大川を越して対岸へ渡っていたので、そのままシマウシ浜のカシマで、しばらく遊んで家へ帰ったとのことだった。

それから二年たった秋、又吉は再び私の部落へやってきたが、私は会えなかった。それは熊に牛を追い廻わされ、めん羊一頭獲られた農家へ、アマッポをかけにやってきたのだった。アマッポとは、熊を獲るための仕掛鉄砲のことである。部落といっても端から端まで一里以上もあるから、早速会えるというわけにはゆかない。

一本の細木を的に立て、アマッポをかけ終った彼は、最後に糸をまたぐ時、年老いた彼の足は、思うようにならなかったらしく、不覚にも糸にふれた瞬間、引金がはづれた。弾は幸運にも又吉の中指と人さし指の間を抜けて、標的の細木を見事ぶち抜いたそうである。その時又吉は血のしたたる自分の手には一向かまわず、見事標的をぶち抜いた神技の方にうれしさを感じたらしく、「どうだ、うめえもんだべ」と叫んだ話は、又吉らしい話であってうれしく思ったが、体に間違いがなくて思わずホッとした感じがした。またそれと同時に、指から流れる血を口でしゃぶり、白いヒゲに血をいっぱいつけながら、自らの技術に快心の叫びを挙げた又吉の笑顔が、眼前に浮かんだ。だが又吉を命拾いさせたこのアマッポには、利巧な熊は近寄らず、逃亡したのは残念だった。

アマッポをかける時には、非常に敏感な熊の神経に対して、いろいろな注意が払われる。第一鉄砲の油はきれいに拭去られるし、いくら煙草好きの人間でも、仕掛け終るまでは決して煙草を吸わない。人間の足跡もなるべくつけないようにする。また熊の足跡の寸法は、体の大きさを知る尺度になり、心臓の高さが割出され、通路に張られた糸（黒いテグス）は引金に連結される。糸にふれた熊は、一発で心臓を射抜かれるのである。鉄砲のない時代は弓を用い、矢尻にブシを塗布して毒殺したわけである。しかし時には人間がかかることがある。獰猛な熊の場合に、用心して二丁の鉄砲をかけ両方から心臓を差違えることもやる。一方敏感な熊は、用心して容易にアマッポに近寄らないのが普通であって、仕掛けてから、人間の方で忘れてしまう頃に、ひっかかることもある。アマッポの鉄砲がなっても、すぐは近寄れないのが原則である。それは一発でうまく倒れたかどうか疑問だからだ。そして、倒れていても足の裏を見せてない熊には近寄るな、という戒めがある。それはまだ生きている証拠だというのである。こんな時には、遠方からとどめの弾を打ってから近寄るのが常識だということだ。

又吉の訪問を受けた時、「畑の仕事が終ったら遊びにこいよ」――「うん遊びに

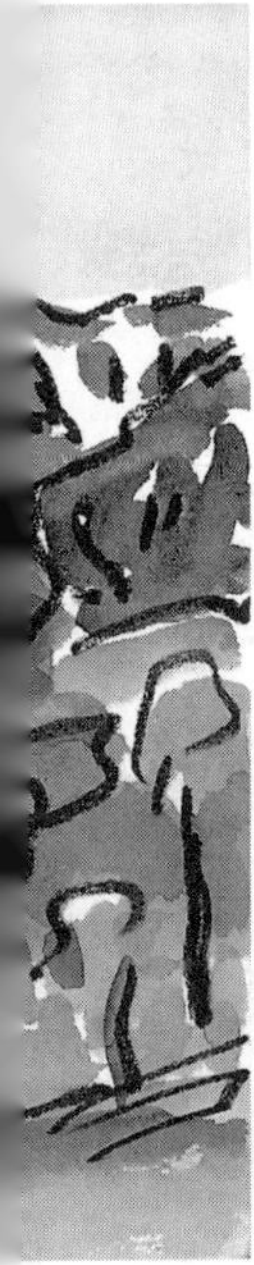

又吉宅附近から見た初夏のオムシャヌプリ

ゆくよ」と約束したが、暇がなくて、とうとう二冬も過ぎてしまった。「デンプンのドブ（濁酒）たくさんちくっとくからな」との言葉も、私の楽しみだったのだが。

ある快晴無風の晩秋の一日、札幌からきた岳友のK君を伴って、自転車で又吉の家を訪れた。十年あまりも前のことだったが、若い山仲間の遭難の電報がきた時、又吉をつれてゆこうと思って訪ねたことがあったが、その時の記憶はもう私には残っていなかったので、訪ねるのに少々暇がかかった。

又吉の家は、北側に急傾斜の山を背負った少し小高い所にあった。山の紅葉は見事だったし、南日高の山脈の色はあざやかで美しかった。又吉の孫たちや嫁さんは、小川を越した山のふもとの畑で、大豆刈をしていた。


「じいさんいるかい」「いたよ」

私たちは、この返事で安心した。家を訪れたらじいさんの姿が見えなかったからだ。しばらくすると家の後の方から、例によって長い杖をついた又吉が現われた。目と口が白い毛の中で、なつかしく笑いかけた。「よくきたな」と先にたって家へ案内する。ストーブのわきに坐って窓越しに見ると、はるかに海が見える。

「いい景色だな、じいさんとこは」

「海よく見えるべ、イカちりの船のあかりよく見えるんだ。おらあかり見たら浜さイカもらいにいくんだ」「そういえば、イカたくさん乾したな」「イカいちばん便利だ。骨ねえからな。ただ乾しえばいいから」

私たちはリュックから、焼酎のビンと孫たちへの菓子を出した。又吉はだまって戸外へ出ていったが、生ぼしのイカを手にさげてきた。器用な手つきで、恐ろしく切味のいいマキリで、サシミを作って出してきた。

「大将、今日でいかった。あすだばおら熊獲りに山さいぐべと思ってたんだ。今日でいかったな」

「そうかい、そりゃああぶないとこだったな」

「うん、この奥さ熊出てるちゅうからよ、もうだいぶ油かかってうまくなったと思ってな」

「一度熊の肉食ってみたいな。俺も昔学生時代に二度程食ったことあるけど、もう忘れちゃったよ」

「あれも当り物でよ、馬鹿にうめえのがあるんだ。やっぱしお

らみてえに、年くらった野郎はうまくねえんだ」

「今度獲ったら知らせてくれよ。肉もらいにくるからな」「そんだ、今度獲ったら電報ぶつからな、そしたらしぐこいよ。たがけねえ（持てない）ほど肉やっからな。スピーカー（農村にはたいてい共同聴取のラヂオの施設がある）でいえば、村中さ一ぺんに聞えるべ。そすたら皆たかってきてなくなっからな。電報だばいいべと思ってよ」


　秋晴の半日を又吉の家の炉ばたで愉快に過した私たちは、この上ない土産物をもらった。それはきれいに磨いたオヤジのキバだった。二寸以上もあろうかと思われる、大きなものである。


「この野郎はでかいオシ（雄）熊でよ、ぶったきゃフハチ（不発）してよ、ちぎの弾こめる間におらの頭の上からかぶさってきたのよ。おらもしかたねえから野郎の腹さ筒先おっちけて、足で引金ひいて獲った野郎のキバなんだ」

「じいさん怪我しなかったかい」「うまくいったからな、なも怪我しなかったのよ」

とこともなげに、命がけで獲った熊の歯を、私たちに持ってゆけというのだった。

「これな——これでハンコほればいいど、そうでねえば、ドウラン（煙草入）のネチケにしてもいいど」

　私はその歯を手にとって見た。先の方は非常に硬い瀬戸物のような感じの光沢をもっており、根部の方は、先の光った部分よりも2倍も長いが、つやのない木のような感じの色をしてた。又吉は「生きた熊のでねえばネウツねえんだ。死んだ野郎のだば、こんなちゃやねえからな」

　K君は何よりの土産をもらったと、ひどくよろこんだ。それから又吉は奥の部屋から、何やら熊の頭蓋骨のように見える、白い石を出してきた。

「この石あるとこおらしか知らねえんだ。そすてよ、白いちち（土）もあるんだ。ここさ砂金もあるべよ」

　この石は商売柄、K君は速座に石灰岩であることを教えてくれた。それは水の浸蝕によってでこぼこしていて、ちょうど熊の頭蓋骨そっくりに見えた。

「おらこの石高く買う人いたけれども、おらいたましくて誰さもやらねえんだ」

　又吉には、何か迷信的な愛着さえも、この石に感じてるらしく思われた。秋の冷気がひやひや感ずる日没、又吉の家を辞した。私はその後、テーブルの引出にしまってある熊の歯を、しばしば取出しては眺めた。私の手の平に乗ったこの熊の歯は、何かしら私をお伽話の世界にひきづってゆくような気がした。

それから半歳たった初夏のある日、牛乳缶を馬車に積んで、ゴトゴトと豊似の市街を通る時、ある店で腰をおろし、もっきりを楽しんでいる又吉らしい人の姿をちらりと見た。私はあわてて馬を止め、電信柱につないだ。それはやはり又吉だった。

「ようしばらく、元気だな」「おお大将か、おら一ぺえ飲んでたとこだ」「どこさいってたのよ、珍らしいな」「おら浜さいって遊んできたのよ。浜も獲れねえな。おらいったら一網にカシベ（カスベあかえい）二枚よ、可アイしょうなもんだて」

といって、又吉は、私に遠慮してか、サイダーのコップをくれた。しばらく腰をおろして話をしていたが、私は又吉の孫のことを思い出して、菓子を土産にやると、彼はリュックの中から、無造作に大きなカスベを一枚出してくれた。

「トマトやナスのなる頃知らせるから遊びにこいよ」――「待ってるから知らせろや」と約束して別れた彼は、例によって片手に長い杖をつき、破れたゴム長をパクパクさせながら、後を振向きもしないで、市街を歩み去る姿は、学生の頃見た映画、ゴールドラッシュのラストシーンに出てくるチャップリンの姿を連想させた。一杯ひっかければ、もう何の用もない市街を、無関心に通り過ぎてゆく又吉の姿はやはりどうみてもお伽話の世界から抜出てきた人物のように見えた。トラックのもうもうたる砂塵も一向気にする様子もなく、彼の目は何をみつめているのか、まっすぐ家へ向ってあるく彼の姿を、私はしばらく見送っていた。私は家へ帰ってから、家内に市街で又吉に会った話をした。土産にもらったカスべは家内をよろこばせた。それは、家内が浜育ちで魚好きだというよりも、又吉からの贈物だったからだろう。

私はテーブルの引出しから、大切にしまってある熊の歯を取出して見た。私はハンコにしたりするのが惜しいので、そのまましまってあるのだ。私はこの歯を見る度に、又吉の面影が浮んでくる。私はもう一度、今日市街で会った又吉の面影――わき目もふらず、人間にさえ無関心に通り過ぎてゆくこの村の歴史的人物の発散する、強烈なアイロニカルなアトモスフェアを思い浮べてみた。

（昭和三十五年、東京茗溪堂出版「山なみ」掲載）

初夏の南日高

桜が咲き、桜が散った。桜より先にといっても、二週間も先に咲初めたコブシの花が、どういうものか、桜が終ってもまだチラホラと白い花をつけていた。

家の下の樹林地一面に、オオバナノエンレイ草やニリン草、オオサクラ草が咲き、新緑が日増しに濃くなってゆくと、日高の雪も目に見えて消えてゆく。

僕は、畑の種蒔きを早くすませて、南日高をあるいてきたいと思っていたので、山の雪が消えてゆくのを見ていると、心配なのである。

こんな変調の春はめったにない。桜の花に雪が積ったり、マイナス五度にもなって、霜柱がザクザクした日中は、プラス二十五度にもなったりした。そして山にも、五月に入ってからも度々雪がきて、まっ白になり、僕をよろこばせた。

毎日馬の足を早めて種蒔を終った時には、山の雪がひどく消えて少々がっかりしたが、毎日畑仕事をしながら、あの山の雪渓のどこをあるこうかと考えたりするこ

とは、楽しいことである。ちょうど休日で、遊びに来ていた新米の安サラリーマンのせがれが、

「父さん、山へ行くって!!」「ああ行くよ」

「行きたいな、つれてってよ」「ああいいよ、へたばったら投げてくぞ」

「へたばらないよ、これでも阿寒に二度登ったんだよ」「なんだ阿寒か、あんなチョロイ山なんかだめだ」

出発の日は快晴だった。少しふくらんだリュックを自転車につけて、親子二人は朝五時に原野の家を出た。

親子と呼ばれるものに、あまり気のきいたものはないようである。親子丼、親子そばはまだよいが、親子心中に至ってはどうにもならない。しかし親子登山は楽しいことだけは確かだが、せがれの方では、きゅうくつで面白くないというかもしれない。

僕の自転車は、中古を買って四、五年も乗ったやつだから、甚だ心もとない。豊似市街の自転車屋で虫を取換え、ゴムハンダや空気入れを用意しているうちに七時になった。しかし、これでどうやら沢の入口までの六里の道も、安心して走れそう

豊似岳の幕営

だ。

道は山に向って一直線で、正面にピリカヌプリと豊似岳の、残雪をつけた美しい姿がだんだん大きく見えてきて、二人は心を躍らせた。豊似川の沢の入口に近づくにしたがって登りがひどくなり、それに道は深くえぐれ、草と笹が覆いかぶさっていて、最後の二里の道で大汗をかいた。もうこの辺りではウグイスが盛んに鳴く。

豊似川の大函にかかった橋を越すと、自転車はもう完全に使用不可能となったので、道端に投げて、リュックをかついで歩きはじめた。清澄な奔流が岩の間をうねり、崖の新緑の間にツツジが赤く咲いて美しい。沢には残雪が時々現われはじめて、僕をよろこばせた。

草と笹と若木が密生して、荒れ果てた林内歩道でも、山に入れば有難い道である。こんな道を一里歩いて二股に出る。これを右にとり、いよいよ沢の溯行である。僕はこの上流にある数個の滝の悪場は、雪で埋没しているという予想であった。雪消えの水は切れるように冷い。一時間も溯行すると、断続した大雪渓が現われはじめ、三十分もすると完全に続いた雪渓の上に乗ることができた。僕の予想は間違いなかった。高度は六〇〇米。

僕はリュックの中から、なつかしいアイゼンを取出した――この前これをはいたのは、いつどこの山だったかな――と考えてみたが、どうも思出せなかったほど、久しく御無沙汰していた。阿寒に夏登ったというせがれは、アイゼンを持たないので、X型の軽便アイゼンを足につけた。これはちょっと気がきいたように見えるが、使ってみると、ひどい不備な点ばかりで最後まで苦労した。これだったら、昔のワラジにつけるアイゼンの方が、よほどましである。

アイゼンを足につけ、ピッケルを片手に、雪上に立った僕の胸は大きくふくらんだ。僕は思わず胸を張り大きく呼吸をした。雪は予想外堅くしまっていた。この冬は何十年ぶりかの大雪だったので、山の雪は消えきらないうちに次の冬が来るだろうと思うほど、雪は厚かった。

親子二人は、雪渓が切れて大きく口を開いている数個の滝をからむのに少しばかり油をとられたが、予想通り快適な登行を続けた。雪上に散った桜の花びらに気がついて、見上げる岩上には、今桜が満開である。

僕は滝をからむ時に、崖に咲く珍らしいサクラ草をみつけた。よくわからないがだいたいが一茎一輪のようで、葉はカエデ葉で、それも二、三枚、草丈一寸〜一寸五分くらい。僕ははじめて見たが、これはプリムラ・ヒダカーナだと思った。僕はスケッチ、せがれは写真を撮った。

国境尾根が手近に見え、雪渓の角度が増してくると谿《たに》は大きく開き、豊似岳のカールボーデンから落ちる水が数個の滝になっていた。

間もなく二人は、緩傾斜の広々とした、厚い雪に覆われたカールボーデンに立った。僕はここで多彩な新緑と雪で飾られたすばらしい谿の景観を楽しんだ。僕のいる原野の豊似川河口が遠くかすみ、その上に太平洋が無限に拡がっていた。風の音

豊似岳よりピリカヌプリ

も水の音もなく、静寂を破るものは、ウグイスの声だけである。

親子二人は予定通り約十里の道をあゆんで、六時には豊似岳の尾根の上に立った。国境尾根はやせていて、テントの張場がないが、有難いことには、雪庇の厚さが五間〜十間もあったので、ハイ松の葉を敷いて雪上にテントを張った。夜は月明、気温は下って濡れた衣類が凍った。シュラーフザックがないので、山ずれしていないせがれは「寒くて寝れない」とこぼすが、年をとった親だけは快適に寝る。

三時に起きて紅茶をわかし、朝食をとった。今日はここからピリカヌプリ（一六三一米）をアタックするつもりだったが、天気がくずれはじめた。ガスが去来して視界をふさぎ、風が出てきた。

「父さん、ピリカへ行かないの」

「やめたよ、どうもお前には無理のようだし、何も見えないところ歩いたって、ソロバンに合わないよ」

「大丈夫だよ、頑張るよ」

「いやだめだ、これからひどい登り降りのやせ尾根を往復四里も歩くんだからね」

間もなく二人は豊似岳（一五二〇米）の頂に立った。テントから三十分である。僕は昭和八年の秋、一人でここを通った時、この狭い頂で一晩寝たことがあったので、なつかしい頂であった。時折り雲が切れて周囲が見えた。下界は晴れていて、美しい緑の原野の拡がりが見え、多量の雪をつけたピリカの南面が、実にすばらし

豊似岳から見た野塚岳

い迫力を見せていた。最低鞍部からの三〇〇〇米の登りが、ひどく魅力的だった。僕はスケッチ、せがれは写真で、それぞれ二人は忙がしかった。

「おい!!　その写真機はいくらだ」

「三万三千円さ」

「へえっ!!　どうせ借物だろうさ」

「借物だけど、今度はじめて使うんだから、うまくとれるかどうかわからないんだよ」

「何んだ心細いな、そんな不便な物やめろよ、スケッチの方が気がきいてるよ。しかしまあうつることにしてこの頂上で一枚記念撮影しろよ」

せがれはハイ松の中に写真機を立てた。

「父さんもっとスマートなかっこうして」

「これ以上どうもならんよ、帽子だけはとらんぞ、光るからな」

二人は国境尾根を、ピリカの方へ向ってあるいた。やせ尾根の十勝側には、雪庇

しょうじょうばかま

が続いて残っていたので、雪の廊下をあるくようで楽だった。一五二二米を越し、次のコブまで行って、雲の切れるのを待ちながら食事をとった。もしここで晴れたら、せがれをひきずってピリカへ行ったろうと思うが、とうとう晴れなかった。この地点からのピリカのあのすばらしい南面に、僕は今度の山旅の最大の期待をかけてきたのだが、それはあてはずれだった。ピリカの南面の偉容に匹敵するほどの山は、日高山脈中でも片手でかぞえるぐらいだろう。

いくら待っても雲の切間はやってこなかったので、ブラブラ遊びながらテントへもどった。雪が消えたとはいえ、この寒空に、早くもショウジョウバカマがハイ松の下にピンクのつぼみをあげ、登りしなの崖で見たプリムラが、可憐な花蕾を見せているのには驚ろいた。尾根に低くへばりついた千島桜の蕾は、まだ堅かった。

夜は雨がきそうなので、もっといい場所にテントを移転しようというので、テントをかついで、ガスの吹きつける尾根を更に南下し、南峰を越して次の峰との鞍部まであるいたが、地形はやはり同じで、前と同様雪上にテントを張らざるを得なかった。しかし今度は、ハイ松を厚く敷いて雨にそなえた。その晩は少々風は出たが、雨はやってこなかった。

昨朝はテントの中から首を出して、太平洋から昇る太陽を眺めたが、今朝はガスでモヤモヤである。早く起きても仕方がないので寝ていると、テントのわきで突然カッコウが鳴く。

「父さん、どうしてこんな高いところまできて鳴くんだろう」

「そんなこと俺にはわからんよ。羽があるからだろうさ」

ウグイスはいつでもすぐそばで鳴いてくれる。時々テントが明るくなる度に首を出してみる。

「父さん、すばらしいところにテント張ったもんだな。下が見えるよ。凄いところだよ」

「どらどら、なるほどこれはいいとこだ」

テントは意外な急傾斜の雪渓の、最上部に張られてあった。深く落ちこんだ谿に雲が断続して流れ、時々はるかな原野や海が見えた。

「やっぱり同じ天気だな。お前の休暇の日限も切れるから、下りコースの下検分に行ってみるか。やれやれサラリーマンはやっかいなもんだな」

むったり朝寝坊をした二人は、軽装で直下の雪渓を少し下ってみたが、下るほどますますひどくなり、とても呑気には下れそうもないので、登りなおして別のコースをとることにしたが、雲が切れなくて閉口した。しかし夕方晴間があったので、下りコースを確認することができた。その時に見た豊似岳以南の南日高連峰の、重り合った展望は予期してた以上に美しく、標高もせいぜい千二百〜千四百米の山ではあるが、ここから見た豊富な残雪をつけた連峰の姿は、僕には、更に千米も高い山に見えた。最高峰の楽古岳（一四七二米）は、ここから見てもやはり南方の盟主であった。それにもうひとつ意外なよろこびは、野塚川上流のノツカ岳（一三五三米）の北面の立派なことと、その南にある峰との鞍部にあるカール的な残雪の美しさであった（この地点は明確にカールのようである）。又北側から見たノツカ岳の頂が、ツンととがっていたのも意外だった。例によって写真屋と画伯は、

おおばきすみれ

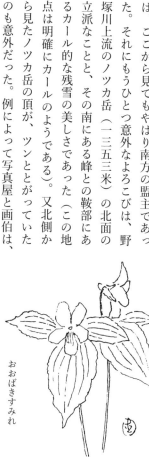

しばらく楽しい忙がしさをもった。

その夜はとうとう雨がやってきた。風も強まり、大粒の雨がはげしい音をたて、テントにたたきつけられた。せがれは心細いのと寒いのとで、寝られないようだったが、僕は相変らずよく寝た。


三時に起きてみたが、天気はよくない。今朝はいやでも下らなければならないが、少し早やすぎるので、カッコウやウグイスの声を聞きながら、ウトウトしていたが、こんな時の気持は下界ぢゃとても味わえない。

今度は七時に起きてみると、雲が切れて日高側の山や海が、実にきれいに見えた。それはブルーを基調にした、初夏の特徴ある色彩だった。二人は南峰から東にのびた尾根の突端まで、例の雪庇の廊下を歩いた。豊似岳の東面のカールは、中央に尾根があって、二ツあることがよくわかる。ゾンメルスキーがあれば、ここは大スキー場である。

沢にしようか尾根にしようかと思ったが、尾根がバカによさそうに見えたので、コースを尾根にとった。尾根は予想以上歩き易かった。ハイ松も笹もひどくなくて非常に楽だったし、その上シラネアオイの大群落や、桜や、ムラサキヤシオツツジやエンレイ草が盛りで、ひどく楽しい下りだった。ひる頃沢に出て、たき火をして食事をとった。これから林内歩道の終点の二股まで一里、鹿の足跡をたどりながら歩いた。鹿と人間が選らぶ道は、つねに完全に一致して、動物の感覚に一驚した。鹿もこんなに増えたんでは、百姓もやりきれない。熊はあまり歩いてない。五、六回糞を見たきりで、姿は見かけなかった。糞を見れは、ほとんどフキばかり食べていることがわかる。

沢は山上とは反対に、ふりそそぐ日光でまぶしいほど明るく、蟬の声がしきりである。

僕の自転車のタイヤは、すっかり空気が抜けてつぶれていた。ゴムハンダと空気入れを持参して安心してたら、スパナを考えていない間抜けさだった。抜けてたのはタイヤの空気ばかりではないぜ――なんていいながらも、僕はこれから

おおやまふすま

六里の道を、夜通し自転車をひきずって帰るのかと思ったら汗が出た。しかしせがれと一時間も悪戦苦斗、どうやらパンク修理も終って、石コロや木の根ッ子のある道を、恐る恐る走った。

家へついたのは八時だった。妻は毎日山を眺めて心配していた。あまり天気が良くなかったし、時々雨なんか降ったので。ビニール袋へ入れてきたツツジとプリムラの土産を、妻はひどくよろこんでくれた。

夜は凄い快晴である。僕は床の中にはいっても、しばらくは、あの南日高の壮観が目にちらついて寝つかれなかった。

（「アルプ」一九五八年八月号掲載）

しらねあおい

この花は内地では、高山に行かないと咲いていないが、北海道では山地はむろんのこと、というよりも平地の方にたくさんある。だいたい、「おおばなのえんれいそう」が咲いているところにはあるようである。

僕が南十勝の原野にきて、いちばんはじめに見たのは、僕の家の樹林地だった。見事に大きな花でうれしかった。それから広尾の市街へ自転車でいった時、国道ぶちでこの花をみつけた。延齢草といっ

しょに咲いていた。それから今まで三十年の間、通るたびに注意していたが、どういうわけか、非常に繁殖したのはうれしいが、今では車が頻繁に通るので、花も葉もホコリをかぶり、紫色の大きな美しい花も葉も同じ色をしているのを見て、がっかりした。

最近豊似の市街に引越してから、附近をあるいているうちに、この花の群落といいたいほど、たくさん咲いている丘をみつけて、ほくほくした。この丘の蔭に最近ポツンと焼場ができたので、僕はこの丘をオンボ山と呼んでいる。昨春この附近で、この花の八重を一輪みつけた。

今年も春がきたら、そこに八重の花が咲くかどうかを、見届けようと思っている。

吹雪の結婚行進曲

今年の正月も少し過ぎてからだったが、帯広の岳友I君から、珍らしく手紙が届いた。読んでみると、なかなかふるったことが書いてあった。

それは——三月下旬、同じ山仲間の二人が結婚することになったが儀式張ったことはやりたくないし、それに二人は山で好きになった同志だから、石狩岳のてっぺんで式を挙げたい。だがそんな所で式を挙げるについて、困るのは仲人である。現場にゆけない仲人なんて意味がないからひとつ御苦労でもこの大役を引受けてくれまいか——という文面だった。

僕はこの手紙を見て、なにかほのぼのとした暖味を覚えて、妻に見せたら、

「父さん、これは楽しいですよ。いってらっしゃい」

と油をかけられ、早速快諾の返事を出した。

「俺たちももう二十年若かったら、どこかのてっぺんで式を挙げたんだがな」

「だって私、山なんか登れないわ」

「いや、しょっていってやるよ」


このことはしばらく僕たちの話題になっていたが、ある日、遠い原野の雪道を踏んで、手紙をよこしたI君と、未来の新郎がウイスキー持参で現われた。

「リーべはどうした」

「残念ながら急に都合が悪るくなって」

「急に恥かしくなったんだろう」

それから僕は、具体的なプランを拝聴したり、というよりも、山の話に花が咲いて土産のウイスキーで前祝をやった。山まで酒を運ぶポーター志願の申込みが殺到して、手を挙げたということだったが、さもありなんと思った。


しばらくたってから、式典の期日の知らせがあった。それはエープリルフールの日だった。僕はその前日の指定された時刻の汽車に乗って、帯広に向った。

僕にしたところで、ありきたりの結婚式の仲人ならば、真平ごめんだが、スキーとリュックザックをかついでの仲人ならば、まんざらでもなかった。それに官費で山へ行き、山小屋で酒盛りをするという棚ボタ式幸運なんか、死ぬまであろうはずもないし、恋人同志をたずさえての、十八年ぶりでの冬の石狩岳行ということにもなれば、僕にしても、胸を大きくふくらませるほどの楽しさがあった。僕は快晴の石狩山上を、アイゼンを楽しみながら、山で新らしい人生をみつけた若者たちと、漫歩する情景を胸に描いて、独りで頬笑まざるを得なかった。

　式典参加のメンバーは、新郎新婦と仲人の僕、それにポーター兼介添役が四人で、総勢七人だった。僕は新婦だけが女性で、文字通りの紅一点だと思ってたら、新婦の親友である女性が、遠く胆振《イフリ》の国から、はるばる新婦の介添役として参加した。これで紅二点なわけだが、この紅二点目の女性は、りんごでいえば紅玉のような頬ぺタをした、元気潑剌とした愛すべき女性で、僕はもちろん初対面

雪だま

だったが、イフリのネエチャンの愛称を奉った。

皆のリュックは馬鹿でかくもないが、何かずっしりとした重量感があった。中に一人、僕に最初手紙を寄せたI君のリュックだけは馬鹿でかくて、いやに鄭重に扱うので、一升ビンが少くも三四本ぐらいひそんでるように見受けられた。午后の十勝三股行の汽車に乗った僕たち七人の顔は、何かしら他の客とは違った顔をしているように思われた。

I君

「天気はどうだろうな。あまり結構じゃなさそうだぞ」

「女二人も山へいったら、どうせろくなこたあないよ。あすは大荒れさ」

近づく山は、ほんとうに雲にとざされていた。

十勝三股の駅についた

イフリのネエちゃん

S君

M君

時は、空は重く、小雪がいとも静かに落ちていて、期待していたここからのすばらしい山岳展望はゼロだった。だが僕たちは新郎新婦なみに、心は晴れやかで、足取りも軽かった。岩間温泉へのトラック道路に出てスキーをはいたが、ここで気付いたのは、イフリのネエチャンとI君はスキーを持ってきてないということだった。二人はどういうものか、ゴム長をはいてトコトコとあるいてゆく。僕は気にするほどの理由もなかったので、不問に付したが、何か特別なわけがあるらしかった。

　トラック道路の両側は、幸運にも十五号台風の惨禍からまぬかれたためか、美しい針葉樹林が亭々としていて、音もなく静かに落ちる小雪とのアトモスフェアは、実に好ましいものだった。あるきはじめたのは、もう四時近い時刻であったし、二十一の沢の合流にある通称御殿（営林署の事業所跡、ヒュッテに使用）までは三里ある

だろうから、途中で暗くなるのはあたりまえで、一同は酒の重みで大汗をかいて、暗闇を一時間半もあるいたろう。

御殿にランプがともされ、ストーブが燃え、前夜祭が始まったのはもう八時頃だったろう。ジンギスカンの、好ましい食欲をそそる音が流れ、驚くほどのウエスケ（ウイスキー）や焼酎のビンが出揃った。何のことはない、これは結婚式をダシにした酒宴のようなもので、悪童たちの迷案でもあった。アルコールの効果が出るほどに、I君は後生大事にかついできた大きなリュックの口を開いた。僕はこの上一升ビンが四、五本も出るのかと思って見ていたら、出てきたものはアコーディォンだった。これにはいささか驚いたり、よろこんだりで、スキーをはかないできた理由が読めた。それはスキー術に自信がないので、転んだら最後、アコーディォンをつぶす心配があったからだろう。しかし彼のため善意に解釈すれば、一年前の暮に、あのニペソツのてっぺんから何百米も落下して、軽度のアンクル骨折だけで、悪運強くも生きのびた時の故障が、スキーをはくまでに快癒していなかったとみるのが至当であったということで、僕は後の理由に比重をおくことにした。

ユニ石狩山下より石狩連峰

それからもうひとつ、妙な物が出てきた。それはテープレコーダーだった。その上八ミリもあるぞ、というので僕はますます驚いた。今夜と明日の騒ぎを、写真と音に記録して、やがてまた悪童たちが集って、写真と音を再現するパーティを開き、それを肴に、また大いにメートルをあげようという魂胆で、まことに恐るべきプランである。

音楽とアルコールは弁証法的発展で、まことに見事な演出の数々が展開された。幸か不幸か、テープレコーダーは故障を起したが、酔った目玉と手では、到底まともな修理はできまいと、僕が安心して歌ったグリンデルワルデルリードかなんかが、レコードされていた話を後で聞いて――これも謀略だったか――と、油断もスキもない悪童たちにうまくしてやられた形だった。

こうなると主賓である新郎新婦は、影が薄くなり、すっかり棚上げされた形で、その夜はおそくまでポーターたちの天国だった。特に東北弁のイフリのネエチャンは、元気潑剌として、ますます頰を赤く染めて、事実上の紅一点の役割を果し、天晴れな介添役ぶりを演じた。

御殿をゆるがした歌声も止み、その夜は晴れるかと思った空は晴れるどころか深更に及んでいよいよ本降りになって、夜明けまでには一尺も積ってしまった。

いくら悪童たちでも、今日ばかりは二日酔だなんて寝てもいられず、感心に早々と起きて斉戒沐浴、七時には結婚式場めざして出発した。I君と紅二点目だけは留守番で、下山してからの本番パーティの準備に残留した。もっともスキーがないのだから、これは最初からのプランであろう。

夜明けとともに雪も止み、青空がチロチロと見えはじめ、ラッセルは楽しかった。

石狩と音更をつなぐ尾根に時々雲間もる日光が注ぎ、さん然と輝いて、アルコールの毒が抜けきらぬ僕たちの足並みを鼓舞した。十五号台風で密林を失った二十一号の沢は、昔とは全く違った沢のようだった。展望という点ではおあつらえ向で、お陰様で僕は、時々スケッチブックを取り出し、内職に多忙だった。しかしこれは、心臓高鳴る新郎新婦に、計らずも暖かい頬笑を交わし、周囲の美しい眺めとともに、後に残る思出をゆくりなくもその胸に秘める余裕を与えるということについてはまことに効果的であったと思う。

新雪は登るほどに、急速にその量を深め、尾根にとりつく頃には、前夜祭の効果もたしかにあったにしろ、ラッセルは困難になってきた。それと同時に風が出はじめ、晴れるかと思った空は荒模様になってきた。硬雪上に多量の新雪、それに風、これは雪崩発生の好条件である。見上げる尾根の上部には、無数の雪崩の条痕が見えはじめた。それに尾根には雪煙が立込め、山は最悪の状態になった。

「やっぱり山は荒れたな」

これは昔からの通り相場だから仕方がない。快晴の尾根をアイゼンをはいての快適なそぞろ歩きも、もはやビールの泡となった。しかし僕たちは元気いっぱい尾根

二十一の沢より音更山と石狩岳

にとりついた。僕は雪崩の危険を避けるために、ルートをなるべく樹林地帯にとった。ラッセルはいよいよ困難になり、吹雪は激しくなった。新雪は二尺に達し、樹林地帯を抜ける地点で、僕たちはスキーをぬいだ。スキー使用は危険だし、それにツボ足で直登した方がはるかに楽だからだ。だが雪崩はこの樹林地帯をも襲ってきた。僕たちは腰を没する粉雪の流れの中に立った。しかし上部が露岩で切れているので、雪量はこれ以上に増加しないのがわかっていたので、僕は心配しないで、流動する雪の中で、いみじくも手をつなぎ助け合っている新郎新婦を眺めていた。しかし粉雪でない場合、こんな呑気は許されないだろう。

「お前たちボヤボヤしていると死ぬぞ!! 木に登れ」

と僕はどなった。手を握り合っていた二人は、バネのように岳樺の枝にしがみついてぶら下った。着ぶくれの上にスキー靴では、木になんか登れるわけがない。僕はその様子が如何にも面白くて、腹を抱えて眺めていた。しかし御両人にすれば、禁断の木の実も賞味しないうちに、今ここで死んでは、元も子もゼロになるので、真剣そのものだった。人間の行動というものは、ある場合には真剣であればあるほど、それは第三者にとってはユーモラスに見えるものである。この場合はまさしくそれに相当した。雪崩は予想のごとく静止したが、吹雪は息がつまるほどだった。

「どうだお前たちてっぺんまで登るか、登るというなら登るぞ。しかし近頃は新郎新婦の交通事故による悲劇なんて、チョコチョコ新聞で見るが、雪崩だって交通事故だ。ここで我慢するというなら、式を挙げることにするが、どっちにする」

と僕は仲人の貫録を示して、吹雪の中でいとも厳かに尋ねた。この芝居は見所だった。

「ヘエ、ここまで来たらもうたくさんです。思い残すことはありません。満足です。どうぞよろしく」

と御両人はペコリと頭を下げた。

「よう、うめえぞ、またここで飲める」

よろこんだのは悪童たちである。

リュックから真先に出たのはウエスケのビンだった。何よりも先ず乾杯である。しかも公然と登行中のアルコール摂取が許される。山が女性によって荒れたとしても、不幸中の紅一点である。次に僕の手に渡されたものは、三ツ折りにされた画用紙だった。一番上には、どうも見覚えのある感じの、細い線で描かれた裸体の女性単身像があり、その上の方には英語で、ピカソイミテーションと描かれてある。そしてその紙片の端には小さく、新郎新婦の姓名と、その結婚のための山行に、この計画を棒げる、と書いてある。開いて見ると、左側には、行動計画の時間表と、装備万端を記し、右側には「若者よ」と「雪山讃歌」と「ぼくらの故郷」と「民族独立行動隊」の歌詞が記され、中央は白紙で、ただ上部に小さく結婚式順序が示されてある。それを参考のために示すと、

一、前奏曲（若者よ）　二、ヤッホー三声　三、挙式宣言　四、結婚讃歌　五、結婚の誓　六、誓と歓びの盃　七、祝福の歌（ぼくらの故郷）　八、ブラボー三唱　九、結婚行進曲

以上である。これを見ると、仲人の僕は――フゥ――と感心するだけである。

「ところでこの紙のまん中は、なぜ何も書いてないであけたんだい」

「ああそれか、それはね、直行さんに記念に山の絵を一筆描いてもらうためにあけたるんだよ」

「いや、こりゃ驚いた。チャッカリしてるな。こんなの何枚あるんだ」

「十一枚あるんだ。どうぞよろしく」

と悪童たちはニヤニヤして、

「いやアルバイト賃のウエスケも、チャンと準備したりますから安心して」

僕はまたしても謀略にかかったのである。

吹雪さかまく悲情な光景の中で、二人の若人の新らしい人生の門出の宣言が行われた。

「これから結婚式を挙行いたします」

こんな言葉は、生れてはじめて僕の口から出た言葉なので、ちょっとばかり恥しかった。僕たちのうた声は、吹雪とともに谷間に流れてゆき、風にゆらぐ樹林のどよめきと、尾根を切る風のうなりは、今日の僕たちの行事にはうってつけの伴奏でもあった。それはまた若者にとっては、人生の旅路の行手を示す、ひとつのしるしであるかの如くにも思えた。

新郎新婦は雪だらけの姿で、手を握り合ったが、少々恥しそうだった。

「手だけじゃだめだ。仲人は接吻を命じます。他の者は皆ソッポ向け。いいか接吻始め!!」

二人は雪の中で抱合って、命令を実行したらしい。

「ハイもうすみました」

「なんだ、もうすんだのか、えらい早いな、さっぱり雪が解けねえじゃないか」

「雪が解けるまでねばられたんぢゃかなわんよ」

間もなくウエスケのビンは忽《たちま》ちにしてカラになった。プログラムは予定通り進行して、仲人の大役は無事終了した。吹雪の晴間から時々御殿が見えはじめ、天候は快復の徴を示した。これは山を下る時間が近くなったため、山の神の怒りも薄らいだためらしい。

春というのに、この粉雪はどうだろう。僕たちは快適な滑降の幸運をつかんだ。新郎新婦はスキーが上手なのかもしれないが、気分を出し過ぎてか盛んにころぶ。僕たちは時々立止って、

「オーイ、今からころぶのは早過ぎるぞ」

なんて叫けんでは腹を抱える。

御殿までは快適な滑降だった。その夜のパーティは、いよいよ本番だけに、前夜を上廻る豪華版であった。

翌朝は快々晴のスカッ晴れ。新郎新婦は僕たちより一足先に、早々と十勝三股までの三里の新婚旅行に旅立った。御殿からは頭上を圧する石狩連峰が、谷に無数の雪崩の条痕をつけて、さん然として輝き、木々には美しく樹氷が咲いていた。辻音楽師のI君は、再びアコーディォンをかつぎ、イフリのネエチャンはカラのリュックで山を下っていった。

快晴無風、紺碧の空と白銀の山波、それにスキーの滑りは快適で、気分は上々。僕は石狩連峰を背にしてあるくので、ふり向くのに首が痛くなった。汽車時間まで三時間しかなかったが、僕はスケッチに多忙で、描いては走り、走っては描き、三股に着くと同時にスケッチブックの紙もなくなり、汽車にも間に合った。汽車に乗ったら、僕だけには仕事があった。例のプログラムの余白に、記念の絵を描く仕事である。淡彩画が一枚できあがると――どうも御苦労――といってウエスケを飲ませてくれる。今度は描いては飲み、飲んでは描きである。ビンがカラになる頃、絵の仕事も終ったが、朝早くめしを食い、おまけに三里も駈足してひどく空腹だったので、だいぶんネジがかかったらしい。

その夜の帯広での披露パーティの時間など、仲人様の念頭から消え去り、僕は空腹を処理するために、ラーメン屋に飛込み、やおら出席したわけだが、この間、仲人失踪で大騒ぎ、一同長いことおあづけして僕を待っていた。仲人横暴の声など、一向気になるわけもなかったが、その後の新郎新婦の紹介には困った。というのは、この二人については何も知らないからである。名前すら念頭にはなく、僕の胸には、美しい石狩連峰の姿と、有史以来の山での酒宴の印象があるばかりだったが、それ

二十一の沢より石狩岳

でも何かしゃべったらしい。アルコールとは、何とも有難いものである。

この結婚式は、始めが始めだけに、最後まで型破りだった。最後は、よっぱらいの悪童たちに、新郎が胴上げされたまではよかったが、あまり上げ過ぎて、コンクリートの床の上に落してしまったのである。凄じい音とともに、あわれ無惨にも新郎は気絶してしまった。あわてたのは下手人たちである。今度はそれっとばかりに、頭から水をかけたのである。

とんでもない濡れ場で幕が降り、この楽しい山上の結婚式は終りを告げた。しかしその余韻は、いつまでもほのぼのと僕たちの胸を暖めてくれるだろう。

夏になってから、例の悪童たちから、若夫婦を迎えて、八ミリとテープレコーダーの大公開をやるから、との案内をもらった。しかし僕は残念ながら、珍しく津軽海峡を渡り、剱岳に登りにいって不在だったが、妻だけが出席した。
「僕の歌はいってたか」
と妻に聞いたら
「なんだかよくわからなかったですよ、ただ大声でうなるような声だけで」

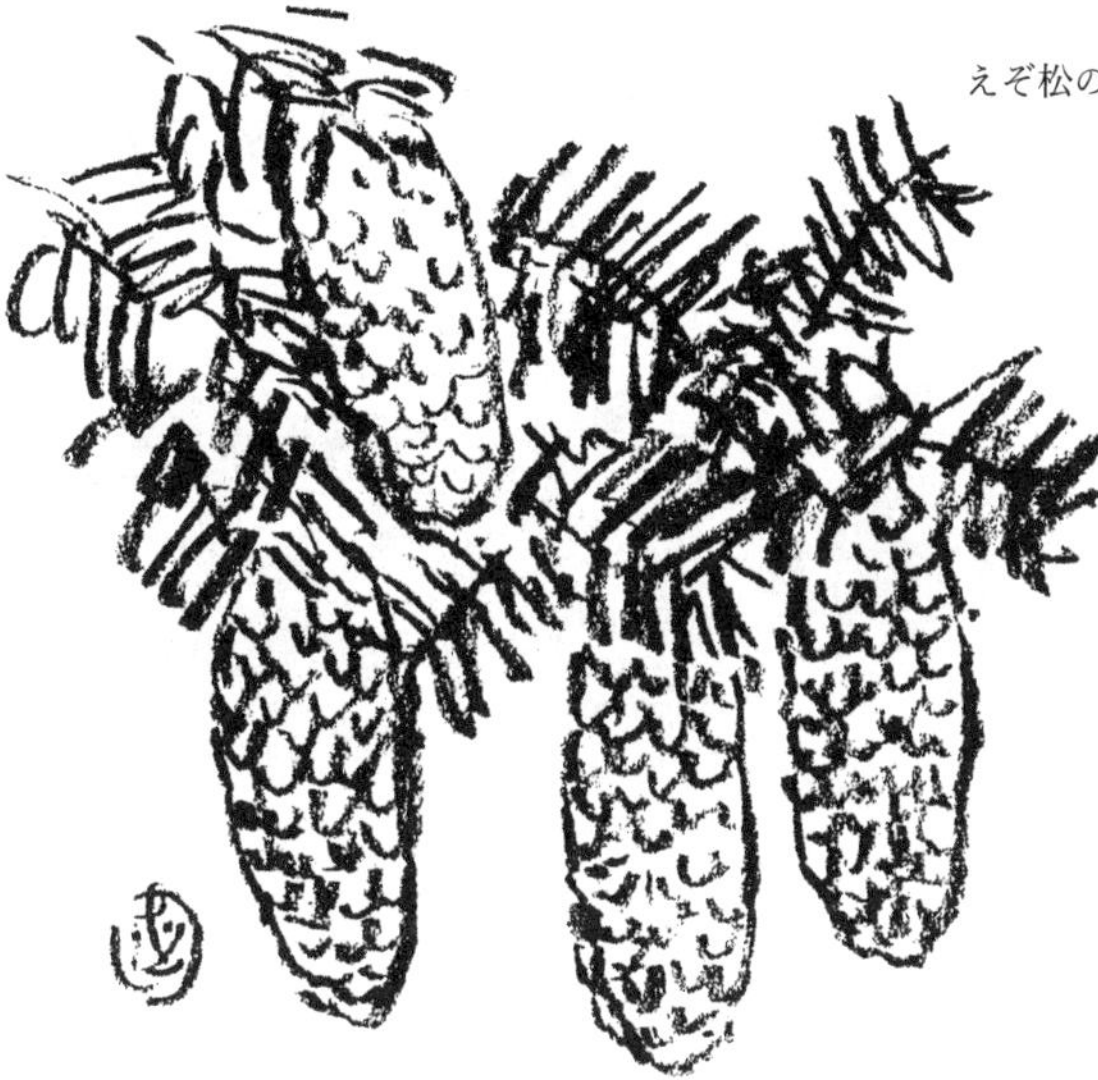

えぞ松の実

と笑っていたが、酔ったためか、機械の故障かつまびらかではない。
　夏になって、イフリのネエチャンから、なつかしい便りがきたが、それによると、石狩行にスキーをはかなかった理由は、これもスキーで足を折ったためということで、これは少し時効にかかった白状だった。
　僕は仲人なんか真平だが、こんな仲人なら月に一回ぐらいでも悪くないと思った。

——若者たちに、幸あれ——

（「アルプ」昭和三十六年一月号）

九の沢カール・ダットサンのケルン

九の沢カールのケルン

ある年の八月、数人の友と、濃霧で視界ゼロのカムイエクウチカウシの頂から、国境尾根を北へと歩み、札内川上流の九の沢カールへ下っていった。

このカールは、一八五三米峰の山腹に抱かれた美しいカールで、十勝側からはいつでも眺められ、残雪期には、美しい雪のまだらが、いつも僕の心をひきつける。

美しいお花畠を踏んで、僕たちはカールボーデンに下って天幕を張った。しつこくつきまとう濃霧は、ここでも容易に展望を許してくれなかったが、その翌日には晴上って、美しい札内岳の西面が、カールの正面に望まれた。

　僕たちは、若くして逝った二人の岳友のケルンを訪れるために、美しい花を踏むことに心におののきを感じながら、小さな尾根を越した。

　そこにはより一層美しいカールボーデンの風景があった。カールバンドについた残雪から落ちる清らかなせせらぎが、花園の中を縫って流れ、モレーンの丘は花盛りだった。

　最初に僕たちの目に映ったのは、そのモレーンの丘に積まれた、岳友ダットサン（愛称）のケルンだった。長方形に、高さ一米ぐらいに積まれたケルンの中には、この九の沢を下る時に、全く不運なアクシデントで逝ったダットサンの遺体が、安置されているのだ。

　年に僕たちの山仲間の幾組かがここを通るだろうが、その誰かが作って捧

うさぎぎく

げたのか、白樺の十字架が、ケルンに立てかけられてあった。

僕は、このようなところで死ぬこと自体は不幸に違いないが、こんな美しい風景の中に骨を埋められることは、幸福なことだと思った。皆はケルンの周囲に咲く花を手折って、ケルンの上に置いた。それはちょうど、ケルンそのものがお花畠であるかのように美しかった。僕はこれ以上美しい人間の墓というものを見ることはないだろうと思った。一年間にこのケルンを知って訪れる岳友は、数少ないだろうし、あるいはまた、全く訪れる岳友がない年もあるだろうが、それだけ地下にねむる岳友の幸福さが、僕の胸をうった。疲れた重い足をひきずり、花を手折って捧げてくれる友は、年に一人だっていいと思う。

もうひとつの僕の愛するA君のケルンは、ここから五十米ぐらい離れた、モレーンの丘のはずれにあった。

A君は、彼が幼い時から、僕が手をひいて山をつれだって歩いた、若い岳友である。昭和十四年の一月、ペテガリ登山隊の一員であった彼は、コイカクシュサツナイ岳の大雪崩で、七人の隊員といっしょに雪中深く埋没されてしまった。

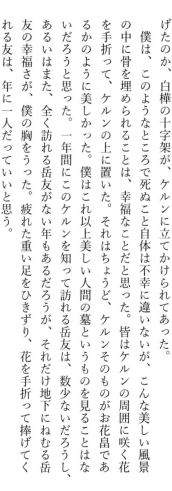

九の沢カール・A君のケルン

彼が生前最も愛していたのが、この美しい九の沢のカールだったので、彼を愛する岳友たちが、ある夏、はるばるここまでやってきて、彼の霊を慰さめるために、ケルンを積んだのである。ケルンには文字を入れた銅版がはめこまれてあった。今度で二度目の訪れだという友がいうには——もっと石がたくさんあって大きかったはずだが——というので、附近を見たが、くずれ落ちた石はなかった。

これはたぶん、雪崩が石を運んでいったものと思われた。

ケルンにはまた、たくさんの花が捧げられた。このケルンが積まれた時に立てられた十字架は、あとかたもなかった。

僕たちはこの二人の岳友のために、カメラーデンリードを歌った。この美しい無風静寂の花園の中に流れる、僕たちの歌声は、地下にねむる岳友を、暖かく包んでくれたに相違ない。

やがて僕たちは、花の上に腰をおろし、はげしい毎日の山歩きの中で、亡き友を心から暖め得た満足にひたり、体を休め、追憶の数々を胸に描きながら、花に目をやり、遠い頂になつかしさを覚え、せせらぎに耳をかたむけた。

俺たちは、とうとうここまでやってきた。しばらくだったな。お前のねているところは天国のように美しい。今度くる時はいつのことだかわからないが、それまではたのしい山の夢でもみていてくれ。その時にはまたたくさんの花を手折ってやろう。水が欲しけりゃ水をやろう。お前のわきで、疲れた重い足を休め、うまい煙草を吸い、歌を歌って、元気が出たからまた歩くぞ。

僕たちは、美しい満足のあと、花を踏み、流れをまたいでモレーンの丘を去った。

五月の五色ヶ原から見たトムラウシ

ヤンベタップの上流の、無人の温泉にスキーで訪れた僕たち四人は、川になって流れる温泉と水を合せて、湯舟を作り、原始人のようなつもりで、湯を楽しんだ。湯上りのスキーなんて、少ししゃれすぎているが、思わぬ楽しさだった。

その翌日、忠別に登り高根ヶ原で遊び、その次の日は忠別の下をまいて、五色ヶ原に出た。途中親子づれの熊の、頰笑ましい足跡を見た。僕は一日つぶしてもいいから、雪の上を母熊につれられて歩く、仔熊の姿を見たいと思った。

五色ヶ原は、夏も広いが、雪で覆われた時の広さはその何倍もあるように見えた。その広さの上に豪然と立ったトムラウシの巨体は、何といっても大雪山中随一といっていいだろう。その東面の山腹にある、巨大なカール的地形の美しさが、強い印象を与える。

僕たちは五色岳の頂近くの、露出したハイ松の上で休んだ。天気に恵まれたおか

五月の五色ヶ原からみたトムラウシ

げで、ここから見える、山という山は全部見えた。大雪山塊も大きくて美しいが、ニペソツや石狩連峰の方が変化があって美しい。
　僕たちはこの頂から真南に向って、何の目標もない巾二キロの高原に、スキーを滑らせた。緩傾斜だが、ザラメ雪だから結構滑る。下るほどに、トムラウシがますます頭上高く見えてきて壮観である。五色ヶ原の高原がつきて、トムラウシ川上流の上までくると、岳樺の疎林が現われる。ここは、トムラウシを眺めるのに最良の

地点である。
　充分な高度感をもち、岩肌を所々に露出させた純白の巨大な山体を、ブックの上に描いてゆく楽しさは格別だった。またここから見た、春の装いに赤く色付いた岳樺の樹林の上に一段と高い格調で、抜出るニペソツの姿が心をとらえる。
　ふり返える純白の五色ヶ原の雪面につけられた、四本の細々としたシュプールが、何か幻想的な印象を残していた。
　僕たちはここから、トムラウシ川へ向って、急傾斜の岳樺の

五色ヶ原より音更山と石狩岳

疎林の中を下っていった。それはそこから約五キロ下流にある、無人の温泉を訪れ、天幕を張り、湯と壮麗なトムラウシの山容を楽しむためだったが、この欲張った二つの望みは、予想以上に満足させられた。おまけに月光に輝くトムラウシを見たのは思わぬプレミアムだった。それに温泉の湯量も驚ろくほど多量であった。

快晴に恵まれ、山と無人の温泉を楽しんだこの山旅は、いつも僕たちの思い出話になった。

然別湖と西ヌプカウシ

五月一日のバス開通の日は、半歳の間、奥まった山間に、雪と氷にとざされてねむる然別の立春でもある。バスは乗客の外に、下界から春を運んでくるようなものだ。

ぶらりとリュックと画板を持って家を出た僕は、偶然、然別湖行の一番乗のバスにぶつかって、やにわに乗ってしまった。

バスがたった一軒しかない湖畔温泉に着くと、ここの女将I女史をはじめ、女中さんが並らんでにこやかにバスを迎えたが、迎える人たちの笑いは、単なるゼスチュアーの営業的笑いでなくて、心の芯からうれしそうに感じたのはバスが春のさきがけをしてくれるからだろう。

うらべにいちげ

バスの乗客は至って少なかったが、そのほとんどは釣人だった。それはこの然別湖特産の、オショロコマ（イワナ）を釣るためにやってきたのである。

湖面の九割以上は、まだ氷が張りつめていた。宿の附近だけが、特別水が見えるのは、湖底に温泉が湧いてるせいだろうと思った。釣人たちは、バスを降りると、僕のようにキョロキョロと風景など見ていない。早速ボートに乗ると、オールで氷を突破りながら懸命である。僕はそれを見ていると、釣人が早く糸を水に垂れて、あのグイと手にこたえる快感の待遠しさがよくわかる。

知人のI女史は、僕をいちばん湖がよく見える部屋に案内してくれた。そこからは、湖をかこむ周囲の山と湖面が、実によく見えて、僕はそれまでに、こんな豪華な風景を、坐りながら眺められる宿に泊ったことがなかった。

僕は画板を持って、宿を出た。坐っているのは惜しいからだ。道内でも非常に雪の少い山岳地帯だが、この山奥では、まだバス道路の側には残雪が続いていた。

僕が一番乗りのあのバスに飛び乗った理由は、その前日珍らしく多量の降雪があったからだった。ほんとうは、その新雪をめがけて雌阿寒に登るつもりだったのが、バスがまだ開通してなかったので、帯広でウロウロしてるうちに、然別湖行のバスにうまく行当ったからだった。

そんなわけで、もう五月といってもこの地帯では、春の雪でも一ぺんに解けるほど暖かくもないので、思わぬ氷と雪の湖を見ることができてうれしかった。

宿のI女史の話では、寒い冬明けの春は、五月の下旬にならないと、氷が堅いために、湖面が見えてこないということである。水に浮んだ氷というものは、容易に解けないものらしい。

僕は湖岸につけられた道を、山田温泉の方向にあるいた。山田温泉というのは、古くからあって、まだランプの宿であるが、湖岸にないのが惜しまれる。それは湖に注ぐ川のふちにある、いわゆる山間のひそやかな温泉宿である。

この湖を抱く周囲の山は、見事な密林で、これだけの密度をもつ原始林は、道内でも珍らしいと思うが、その理由は、材木を搬出するのが大変なので、そのおかげで原始のままの姿で、今日まで放置されたのだ、と僕は思うのだが、いづれにしたところで有難いことに違いない。

黒々とした針葉樹の原始林にかこまれた、まだ氷の下にねむる湖は、僕には一層静寂に見えた。直線的に割れた氷の間からのぞく黒い水の線が、氷原のあちこちに

園望山（1420米）より然別湖

走っていて、湖面の単調さを破っていた。

　曲りくねった湖岸の道は、人ひとり通らず、僕にはうれしい散歩だったし、至るところが絵になった。

　翌朝、宿の窓から見た未明の湖は、なんとも美しい限りだった。ピンクに染った空に、対岸の山が黒く浮んで、氷はあくまでも白く、のぞいた水面に山が静止して浮んでいた。

　僕は帰途、楽しみにして

きた西ヌプカウシに登るために、その山腹でバスを降りた。僕はこの頂から、十勝連峰がよく見えるに違いないと思ったからである。

僕にここまで足を運ばせた新雪は、山麓ではほとんど消えていたが、東と西のヌプカウシの山上には、まだ白く残っていた。この二ツの山の山脚から広がる、茫漠とした扇ヶ原の展望は、故大島亮吉氏が、大正の末期にこの地帯を歩いた時、強烈な旅愁を感じて、はるかな部落、瓜幕へ向って下っていった時の、氏の名文を思い出させる。四十年前のこの扇ヶ原と、今のそれとは、くらぶべきではないにしても、僕には満足すべき風景であった。

新緑前の明るい褐色の草原が無限に拡がる、その視野のうすれる果てに、純白の北部日高の山群が、高く中空に浮んでいた。僕を捨てたバスが、はるかに原野のかなたに消えてゆく。枯れた草原に陽炎がもえ、ウグイスの声が静寂を破り、春を呼ぶ。

西ヌプカウシの頂は、仰げばすぐ頭上にあった。樹林もなく短い笹で覆われた、珍らしい姿の山である。一時間も登ると頂で、そこは、所々に岩がある広やかな草原だった。予想したように、西北の空には、冬さながらの玲瓏たる十勝連峰の姿があった。その右端にはニペソツの尖頂が見えていた。

僕はこの頂で、二時間も過したろう。雪に缶入ビールを冷やし、スケッチが終った時に、ひとりで乾盃をした。僕は美しい十勝連峰を見た時に、今度は十勝川上流から、十勝岳に登ろうと心にきめた。雲ひとつない紺碧の空と、ポカポカと暖かい最良の日の幸福をもった僕は、歌を歌いながら山を降りていった。

はじめはバスを途中で拾うつもりだったが、バスで通り過ぎるには惜しい気持がして、スケッチしながら歩いた。とうとう暗くなる頃瓜幕の市街にたどり着いた。

夏のある日、一人の友と天狗とニペソツに登った帰途、糠平《ぬかびら》温泉から峠を越して、然別湖に降りた。山田温泉までの間、湖が見えるところはまるでない。樹間に湖面がちらちらするぐらいで失望した。

山田温泉の昔の古風な日本式の建物は、もう朽て倒れかかり、丸太で支えてあった。何十年も昔、よくあんな家

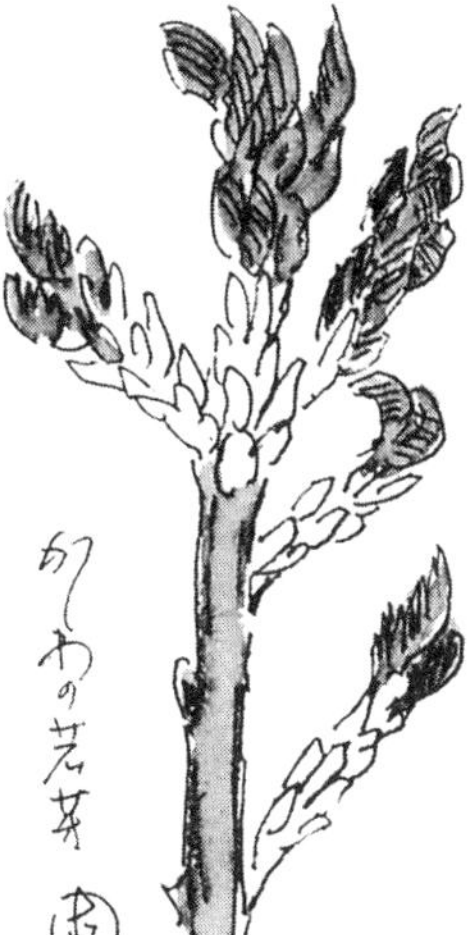

を建てたものだと感心した。今の温泉宿は、それから見ると味気ない貧相な感じで、ランプの宿である。風呂は川ふちにあって、恐ろしく深いが、底は玉石で気持がよい。湯は僕の胸まである。少し暗がりの時だったが、すたすたとはいってきた青年が、いきなり片足からはいったものだからたまらない。彼は湯の中にもんどりうち、女湯との境の板に、したたか頭を打った。小さい子供なら溺死でもしかねない。しかしこんな深い湯は、気持がよい。

翌朝二人は、近くにある、名前は忘れたが千四百米の山に登った。この頂から然別湖と、ウペペサンケを見たかったからだ。国立公園内の山で、後からつけられた名にろくなものはないが、この山もその例にもれない。唯めったに人が登らないのが、僕には有難いことなのである。

濃霧が音もなく密林の上に下降し、また上昇してゆく静かな日だった。緑したたるようなこの山道は、無理な形容をすれば、幽玄という言葉があてはまるだろう。僕たちは間もなく尾根の高みに出た。そこは岳樺と針葉樹の混生で、待望の然別

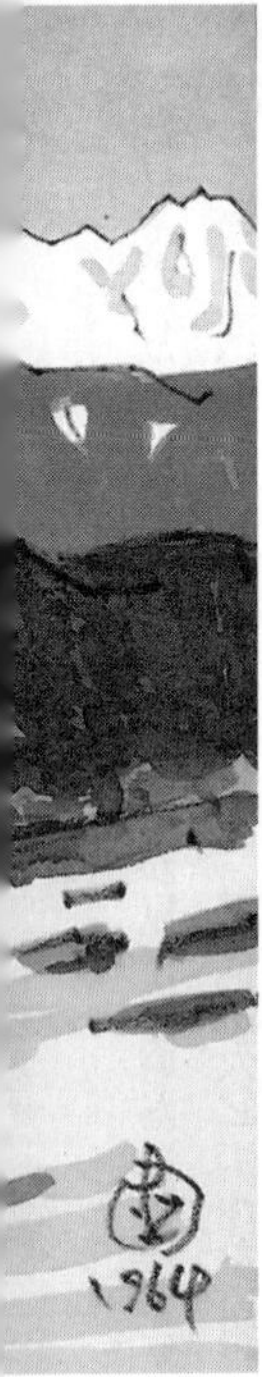

五月の十勝連峰（西ヌプカウシヌプリより）

湖が、意外な遠距離に望まれた。しっとりと濃霧に濡れた、濃緑の山にかこまれた然別の銀盤が、静かに流動する濃霧のベールを透して、あるいは輝き、あるいはうすれて見えたが、僕には、氷が浮んでいた姿の湖とは、およそかけはなれた別物のように感じられた。

そこから頂までの道は、もう消えかかっていたので、少しの間笹やぶの中を登って頂に立った。この頂は四方が大きな山で、風が当らないのか、この山上まで針葉樹が育っていた。濃霧は全く視野をふさぎ、空気は静止して、ただ小鳥の声だけが静寂を強調しているように感じた。濃霧は光と音をさえぎるベールのようなものだ。

僕たちは、大きな岩の上に休んで、食事をとった。岩は奇妙に暖かかった。晴間を待って、一時間も岩の上にいたが、あきらめて山を降りた。さっき見た湖のスケッチが、たった一枚、この頂の思い出として残されたが、なぜかしら、僕にはそれが貴重な珠玉のように思えるのは、あの濃霧のせいだろうか。あるいはまた、引きいれられるようなあの静寂のためだろうか。その余韻が、今でも時折僕の心を、あの時の濃霧のように音もなく暖かく包んでくれる。そしてあの然別の銀盤に、小さく浮んだひとつの島の情景が、僕の思い出の中に浮んでくる。

えぞにう

これは人参やせりの類で、北海道では最大の草本である。大いなるものは優に二米をこえ、三米に達するものもあるほどだ。

茎は細い煙筒ぐらいもあって、かぼそい腕では簡単に手折るわけには参らぬ。すこしホラだが、子供ならのぼれるぐらい頑強である。

容姿はきわめて粗野なだけに、花をつける頃ともなれば、無数の小花を包んだ、幼児の頭ほどもある苞を突出してくる、珍妙な姿は、なんともユーモラスな感じである。

苞が破れると、まるで仕掛花火がパッと散った有様とよく似た形の花序をみせる。花色には微塵もはなやかさはないが、いたってすっきりしたネープルスイエローで、いつまで眺めていても飽きることがない。

壮大な花びんに、この花を鎌でぶち切ってきて挿したら、さぞ楽しいことだろう

えぞにう

と思うが、なにせもちあわせの一升びんや小さな花びんなんかでは、金魚鉢に鯨で、とてもお話にならないのが残念の至り。

馬も牛も、この草を敬遠して素通りするが、人間は若い茎の皮を剝いで食べる。特にアイヌ人はこれを食べた。

故知里博士によれば、アイヌ人はこれをポロクド（大きい草）またはシウキナ（苦い草）と呼んだ。これには苦いのと苦くないのがあるそうで、食べる時には、次のような面白い文句を唄いながら食べたそうである。

「お前もし苦かったら、便所の中へ突込んでやるぞ」

あるいはまた「お前もし苦かったらお前の尻の穴、ほじくってやるぞ」と唄ってから

「にがくさ、あまくなあれ、くさあまあくなあれ」

といって皮を剝くと、決して苦くなかったということだが、実に素朴で、そしていとも楽しい仕草ではあるまいか。花時は初夏で、全道至る所、地味の良い所に見られる。

（岩田醸造株式会社発行「紅」三〇号掲載「私の草木漫筆」）

雪原の足あと

荒漠寂寥の無人の原野の一隅にある、小高い丘に立った僕は、まだ接したことがなかった空間と、大地の広がりを見て、冷酷と哀愁におののき、虚無感におそわれたのはそう長い時間ではなかった。原野というところは、僕にとっては、一旅人としてそこを無関心に通過ぎるには、あまりにも大きな魅力をもっていた。

生命を終って、霜枯れた晩秋の原野の色調は、そこに住もうとする人間はむろんのこと、そこを通過ぎる人間にとってさえ、決して暖かいものではない。

やがて、原野の西空を、大きく走って起伏する日高山脈が、白雪にさん然と輝く頃ともなれば、空はその清澄さをますます深め、原野の色調のオークルは、白く抜けてその寂寥感を強め、足にふれる大地は堅く凍結して、目や肌にふれる印象は、冷厳無比の感を与えるだろう。僕は重苦しい鉛色の空よりも、底ぬけに澄みきった清澄な空に、無限の寂寥を覚えた。

開　墾

枯れたススキの穂が白く寒風になびき、太陽が南日高の山上に没する頃には、逆光線を受けて銀白に輝き原野をうづめつくし、いつまでも枯葉を落さない柏の樹林が果しなくつづくその広がりと、それを包むあくまでも清澄な紺碧の空に、経験したことがない威圧を覚えた僕は、その奥に漠然とした魅力を感じてからは、自分でさえ驚くほどの足まめさで原野を歩きまわった。

やがて僕の心からは、はげしい焦燥感は消え去り、僕の目に冷厳無比な威圧感を示した原野に、生き甲斐とよろこびを感ずるようになった。僕はスケッチブックを持って、ますます足まめに歩きまわった。

しかし、多くの場合はほとんど描かないで歩

るきまわった。絵画的にいって、原野という風景は、横の線ばかりで、ただやたらに広い空間が支配するだけで、貧弱な僕の腕前では全く手のつけられない、始末におえない対象物であったせいもあるが、一面、原野に無限の愛着と生き甲斐を覚えはじめたよろこびの方が、僕の心を占領して、描く余裕がなかった、といった方が本当であったろう。しかしまたもうひとつ、それにもまして大きな歓喜があった。それは解

雪原の足あと

放感だった。都会生活を捨去った僕には、自由があったからだ。原野は僕に抽象的な広さを示した他に、自分の将来の生活に結びついた、具体的な広さと深さを示してくれたからだ。

僕は、登山者というものは、ロマンチストだと思うが、しかし目に映じた自然の美しさや魅力に心をふるわせ、涙を流すほどの影の薄い、ひ弱いロマンチストではない。理由は簡単である。対象はあくまでも冷厳無比な存在だからである。叙情的な甘い自己陶酔を介入させる間隙は、寸分もないといえるだろう。また原野の生活についても、これと全く同じことがいえるだろう。叙情的なハイカーならば、原野というところは、ただ通過ぎてゆく以外にないことを僕は知った。

きびしい開拓生活も僕にとっては、あの登山の時の、苦痛とよろこびが交錯するキャンプ生活と、少しも変るところがなかった。あらゆる不便と苦痛が、次のよろこびを得るための唯一の手段であるならば、そこから生れる苦痛はもはや苦痛ではなくて、単なる手段として人間は行動できるものである。僕は原野にひそむ何かを探し当てた時に、僕の心は、いつの間にか、原野に根を下ろしはじめていた。無限に湧いてくる原野に対する愛着と情熱は、いつも僕の心に勇気と平穏を吹きこんでくれた。

線の太い力強いデッサンが示す爽快さや、快感にも似た魅力を、荒削りの開拓生活の中に感じて、凄まじい重労働にも何の苦痛も覚えなかった。僕には登山で得た健康と精神力があった。しかし今考えてみると、経済という問題については全く無知であって、その面についてはたしかにおぼっちゃん的な甘さということがすぐ頭に浮かんでくるが、一面また、そのような合理主義という眼鏡を透して眺めた原野ならば、美しい原野どころか、人間の住めない地獄のような原野に見えたに違いない。だから、やはりそれは、僕にとっては美しい夢として、今でも僕の胸に描かれる。

しかし、不便な原野の生活の中には、僕を悩ませた問題も二、三あった。第一には、甘い物好きの僕が、砂糖や菓子に疎縁になったことである。しかしこれは一ト月もたったら平気になった。それから蛋白と野菜の欠乏がつらかった。火山灰地を混返えしたはじめは、野菜などとれるわけがないからだ。しかし血路はないわけでもなかった。僕は唯一の蛋白のかたまりであるカラスや野兎を追廻した。カラスというやつは、実に優秀なレーダーの持主で、人間の殺意すら敏感に読みとるやつだから、打獲るには困難を必要としたが、時々カラス・ライスにありついて、蛋白に対する渇望をいやした。

僕の頭髪は、原野のススキのように伸びたので、四里離れた大樹《タイキ》の床屋へ乗馬ででかけた。その時

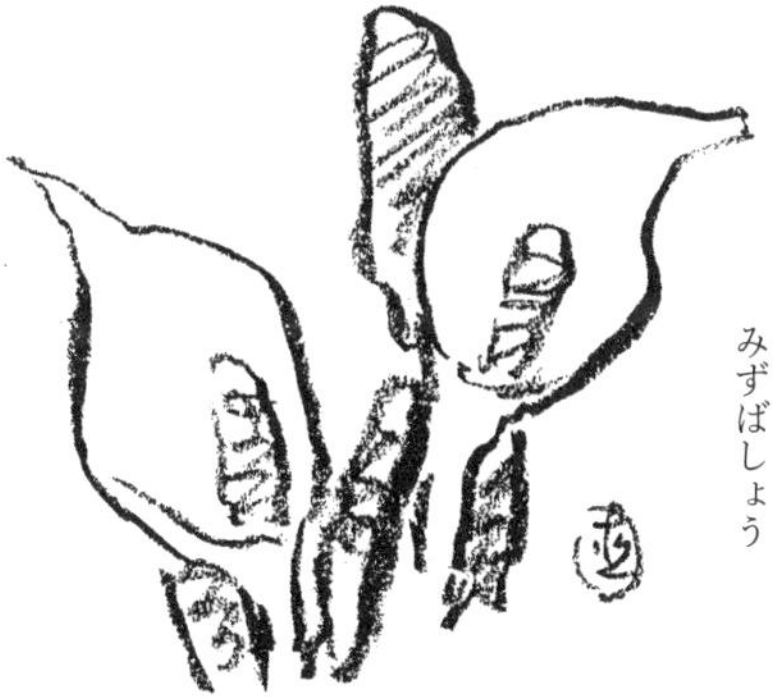
みずばしょう

三ヶ月ぶりで子供を見た。原野の家には、子供というのは豚の仔以外になかったからだ。

僕はいたって健康だったので、一日十五時間以上の労働をしても、特別疲労を感じなかった。それで、日中できない原野のスケッチの整理や読書は、当然夜の仕事になるわけだが、この方にも僕は情熱を傾けた。夜十二時前に寝ることはまれであって、三~四時間の睡眠で過した。このことは、それ以後現在まで続いているが、そのために健康をそこなったこともない。

クリスマスが過ぎてから、コンクリートのように堅く凍結した原野に、根雪が訪れた。僕にとっては、はじめての原野の冬がやってきたわけであったが、白い雪の原野は、更に大きな新らしい感激を僕に与えた。褐色の大きな枯葉をつけた柏の樹林と、雪との美しいコントラストに、驚きの目を見張った。そして紺碧の空に、美しくレリーフされた日高山脈の峻烈さに、新らしいよろこびと、はげしい登行慾を覚えた。そしてマイナス三〇度の寒気も、いっさいの視野をゼロにする壮烈な吹雪も、登山の時に遭遇する時のような気持で過すことができたし、むしろこれに対して爽快な気持さえもつようになった。

中学一年の時から山にとりつかれた僕は、僕自身の生活を、南十勝の原野の一隅に釘づけにしてしまったわけだが、それについては、今でも何の後悔をも感じていない。

僕は冬の日高入りの手始めに、一番容易にみえる北端の芽室岳を選んだ。そして未明の頃、佐念頃《サネンコロ》（御影駅の旧名）の駅に降りた。快晴であったかわりに、恐ろしく寒い日で、軍手と学生服だけの装備では、朝の食事をとる気にもならずあるいた。当時は冬中烈風が吹きまくり、佐幌岳の山麓地帯は、白い雪というものはめったに見られなかった。僕は、雪と土が混じってチョコレート色をして、猛烈なスカブラででこぼこした原野を、スキーをかついで沢の入口まであるいた。沢に入って、ようやく白い雪にスキーを滑らせることができた。高所ならいざ知らず、平地でスキーをはけない雪なんて、この時以外に経験したことがない。

僕は快ピッチで登行をつづけて、簡単に頂を踏んでしまった。頂は軽い吹雪で、時々日もさしたが、展望は上等ではなかったが、僕は満足して頂を去った。帰途の原野のチョコレート色の雪には、よけいにうんざりしたが、明るいうちに佐念頃の駅にもどった。これは昭和六年二月十一日の紀元節の日だった。

雪原と中部日高連峰

僕はこの単独行以後、日高山脈にますます引入れられていった。それと同時に自分の体力に自信を深め、そのテストに興味をもつようになった。翌春三月、岳友と二人して、楽古岳へ登った。往復十七、八里あるが、朝三時に出発して、これもまんまと成功した時はうれしかった。そして腹さえ減らなければ、ということはめしさえ食って歩けば、二日間ぐらい続けて歩ける自信をもった。疲労はめしさえ食えば簡単に消えたし、三週間分の食糧なら、持てる自信をもった。

僕は少年の頃、綴方（作文）が大嫌いで、泣きたいくらいつらい科目だったが、山に登るようになってからは、山に関係したことならよろこんで書くようになった。これは我ながらあきれたことで、苦笑ものだった。時折たのまれる原稿などを書いて、山岳雑誌などに寄稿したが、僕はその原稿料をためて、昭和七年、ようやくピッケルとアイゼンを手に入れてよろこんだ。それは門田の製品だった。死んだ門田のおやじと僕のおやじは、若い頃北海道に渡った時からの懇意さもあってか、特別入念な作品をくれた。アイゼンが八円で、ピッケルは十二円と記憶している。今の門田の製品とくらべると、ひどくごついものであるが、まだ愛用している。当時岳友に和久田というのがいて、材料の分析まで行い、外国の有名人の作品などを見せ、ついに先代の門田に、ニッケルクロームの製品を作り出させた。この岳友和久田の功績は、今では日本的な功績として、後世に残るものである。アイゼンの方は、ヤオロマップの尾根を歩いてる時、ひどい寒気のために折れ、再び入念の作を門田からもらって、現在でもそれを愛用している。

楽しくない借物のピッケル、たとえそれがシェンクであったにしろ、門田に及ぶわけがない。

開墾農業と登山の組合せ、という妙な生活は、それ以来ますます油がかかり、むろんそれと平行して、絵のテーマは一般的な風景画から、原野と山だけにはっきり固定してしまい、僕の心には、自然以外はその存在を許さなくなっていった。そして僕は、若い日の情熱を、何のためらいもなく、農業と山の二つに傾けた。

原野の農業というよりも、原野と山の牧柵を頑強に張りめぐらせた生活、全生命を打ちこんだ平和な生活。だが一向に金に縁のない生活――がしばらく続いた。

日高山脈から下ってくる札幌の岳友たちは、一様に悪戦苦闘の跡を示すボロ服姿で、疲れた重い足を引きずり原野を訪れた。彼らは、感激の頂――それも紫にかすむはるかなる頂――に、草原に寝ころんで目をやりながら、うまい煙草を吸い、駄弁り、食い、そして疲れをいやし、山の想い出を反芻しては帰ってゆく。多くの場合彼らは、カビの生えた米、乾パンのくず、つぶれてごみだらけのキビダンゴ、雨に濡れて石のように固まった砂糖、ボロ雑巾のようなワカメなど、いわば山での残飯ともいうべき代物に――どうだい近頃こんな物食ったことないだろう――という悪口を添えて、いとも貴重なる土産を、たき火の香りとともに置いてゆく。彼らの体やリュックから発散する、異様にして強烈な、汗とたき火のハーモニーによる、あの山の香りともいうべきものが、部屋に充満して、いつも僕の心をはげしくゆさぶった。

やがて彼らがリュックをかつぎ、手を打振りながら、原野の向うに消去ってゆく時、僕はいつも大きな淋しさにおそわれた。人間と山のかたまりが、どこか遠くへ去っていったような気がするからだった。

ところで僕の原野の生活も、年とともに落ちつき、といっても一向に金に縁のない生活――この僕にとって愛すべき青春の六年間の生活に、一応終止符を打つことにした。いくら呑気な僕にしたところで、ここいらで自分の生活を打ちたてる必要を、遅蒔きながら考えたからだったが、原野の生活を打切るというのではなく、逆にもっとそういう生活に打ちこみたいという考えだった。

僕は更に未開地にとびこみ、開墾をはじめる決心をした。しかし決心といっても、悲愴な気持の決心なんかではない。いつの間にかそういう気持が、養われていただけのことであった。

僕はN牧場での六年間の生活で、あらゆる荒仕事、例えば、伐木、抜根、馬車追、小屋建、などを手がけたため、そういう技術を身につけた上、開墾生活に必要な神経の図太さまで、いつの間にか鍛え上げられていた。僕はどんな山の中や、不便な環境に置かれても生活してみせるという自信をもった。

原野の生活では、自分以外に頼るものがないから、あらゆることは、自分の力で解決する必要に迫られる。例えばナイフに歯をつけることは簡単だが、鋸、カンナ、ノミになると容易なことではない。僕は自分にできないことは赤ん坊を産むことだけだ——という自信をもつように鍛え上げられていたが、後になって考えてみると、金もうけの方は抜きにして考えていたのだから、どこか間が抜けていたことだけは確かである。

もともと開墾生活については、おやじの反対を押切った手前、資金など要求するツラでもないし、またくれもしなかったが、原稿料やわずかばかりの印税などを運動資金にして、道庁から民有未墾地法による借金をして、二十五町歩の未開の火山灰地を手に入れた。地代金は八三〇円で、二十五ヶ年賦。年に元利償還四十五円。馬鹿にしてかかったらそれが払えず、借金した年もあった。当時は米一俵の価格は十三円台だった。

僕も一般開拓者と同様、無一文の生活が続いた。手紙をもらっても返事を出せないなんて、情ない話だ。やりきれなくなって、いちばんつらい炭焼きをはじめた。僕の土地の二十五町歩は、ほとんど樹林地だったから、原木に困ることはなかった。商店の負債は木炭で支払ったし、またこれは何にでも化けたので好都合だったが、十貫俵で

雪原の立枯

九十銭だったから、一俵の米を買うのは、容易なことではなかった。こんなわけで、炭焼き商売を、とうとう十五年間もやらざるを得なかった。

僕にとっては、開墾生活は登山の時の、キャンプ生活に通ずるところがあって、なかなか快適だった。木を切倒し、馬で運び、ワラやススキで屋根をふき、思うまま小屋を建てたりすることは楽しかった。

吹雪の夜はフトンの上に吹溜りができたり、樹氷咲く流れで茶わんを洗ったり、水をくんだり、今たくめしの薪を切ってかついできたりする生活は、僕にはキャンプ生活の延長みたいなもので、一向苦にならなかったが、今考えてみると、妻には迷惑至極のことであったようだ。

しかし、こんな生活が、五年、十年、十五年と続くようになると、問題は簡単でなかった。いくら山好の僕にしても、妻や子供の生活を投げて、山登りに熱をあげるわけにはゆかず、美しい山波は原野の果て遠く、輝くだけになった。

三年に一回の大凶作に、人間も牛馬も、みじめな生活に追いこまれた。収穫皆無の秋も、何回か経験した。

あらゆるものを犠牲にして、自然の圧力と斗った僕は、平均三時間ぐらいの睡眠時間で数年間押通したが、登山で鍛えた僕の体はビクともしなかった。しかし僕の頭はいつの間にか霜が降りるより先に、不毛の地になっていた。夜仕事をするのは日常あたりまえのことだったから、たまに山へ行っても、夜歩くことなど気にしなくなって、時間が足りない時には夜歩いた。多忙だし、登山に対する欲求不満の対象は、いちばん手近いところにある楽古岳だった。道具もなかったので、いつも仕事をすませて、十三時頃家を出た。夜歩く訓練を積んだ僕には、沢の入口まで五十キロの平地滑走は、さして苦にならなかったが、単調なので精神の訓練になった。だいたい二十時間で、楽古岳はいつも僕の欲求を満足させてくれた。

当時の広尾線の汽車は、いたって呑気に走っていたが、これは開拓地にふさわしい走り方だった。乗客はいたって少ないが、一度駅に止ったが最後、容易に走らない、というのは材木積みをやってるからだ。終点近くなると乗客は一人二人のことは珍らしくなかったので、僕にとっては汽車は文字通りの寝台車で、大の字になって、ふだんの睡眠不足をとり返えした。だがよく終点まで乗越して車掌に起こされた。終列車だと歩いて帰る以外に方法はなく、家へつく前に夜が明けた。時には下車駅を発車したとたんに目がさめることもあったが、こんな時には都合いい踏切で飛降りした。それでも怪俄なんかしたことがなかった、というのは汽車が呑気に走ってくれるからだった。

ふでりんどう

絵を描くようになると、誰でもそうらしいが、制作慾を殺すということは、大きな苦痛になる。うまく描けない原野を描く苦痛もさることながら、食慾にも似た制作慾を殺すということは、たしかに大きな苦痛である。生活必需品を買えない僕に、高価な絵の具を買えるわけがなかったので、僕のはげしい制作慾は、いつも一本の鉛筆と、五銭の算術ノートでまぎらわす以外に方法がなかった。僕のポケットには、いつもまるめられたノートと鉛筆があった。馬車の上からでも、馬の背中からでも、いつも原野の風物を描いた。

雪消えとともに、原野や樹林地は、文字通りの百花らん漫の花園となり、僕をよろこばせた。野草の姿の美しさは、僕の心をとらえた。これは何よりの楽しさで、スケッチの対象物は、身のまわりにいつでも溢れていた。樹林地の牛追いと、野草のスケッチの組合せは大いに楽しかった。

原野という不毛の地の生活は、こんなことで、退屈どころか時間が足りない毎日であって、重労働に不感症になっていた僕だったから、掘立小屋に住んでも、結構に楽しい毎日だった。

だが僕にしたところで、頭痛の種がひとつあった。それは借金だった。牛には角がつきものだが、開拓者には借金がつきものである。それも小さくなってゆく借金ならば、まだ楽しみもあるが、おがって根を張ってゆく借金には全く閉口頓首であった。多くの場合、開拓者の生活は、ある意味では、終始借金と病虫害と雑草との斗いであるといえるだろう。その上僕は、もうひとつ大きな苦難にぶつかった。それは戦争だった。そしてまた戦後のパニックだった。

強制供出、強権発動という権力の斗いに、僕たち農民は瀕死の苦しみだった。人間も牛馬も食物を取り上げられ、春の馬耕期には、人も馬も夕方になると歩行困難になった。人間は家畜のピンハネをして、エンバクやヌカを食って命をつないだ。むろん絵や登山も瀕死の有様だった。戦後のパニックの波に乗って、ふところが水ぶくれになった百姓は、都会周辺の百姓だけである。

毎日八里の道を自転車で高校へ通学する男の子供と、往復三里の道をテクル子供

開墾地下野塚原野と太平洋

たち六人を抱えた僕は、その上更に水ぶくれしてゆく借金をかついで歩かなければならなかった。

僕はここいらで、賽の河原の石積みは止めなければならない破目に立たされた。

僕の人生は再び大きく転換する。だが僕は、自然や山から目をそらす人生をもとうとは思わない。それは全的な自己否定を意味するからだった。僕はこの時ほど、原野の果てに連らなる日高連峰を凝視したことはない。またこの時ほど自然を身近に感じたことはなかった。三十年間眺めた山ではあったが、今それを失うかどうかというどたん場にきた時の僕の心境は、自然の圧力と斗うこととは、全く別な圧力と斗うことを意味したからだった。

それはちょうど、この無人の原野にとびこむ時に、同じ日高連峰が、若い血のたぎる僕に、大きな勇気と活力を吹きこんでくれたのと同じように、現在の僕は同じような力と暗示を感じた。僕はこれからもう一度人生の峠を登りなおそうと決心した。そして先に登った峠を、新らしい峠から、心安らかに眺めようと考えた。

僕は再びカビの生えた登山道具を引出した。錆《さ》びたピッケルとアイゼンは磨かれた。何ひとつ若き日の思い出が溢れていない物はない。中学時代からいつも僕のリュックに入れられていた、ココアの空缶に密封された、非常用のマッチはまだ健在だった。ヅタヅタになったアザラシ、つぶれてでこぼこの飯盒《はんごう》やコッヘル、乾いてカンカンになった登山靴など、ならべたてて眺めると、僕の心はもうなつかしい山上にあった。そして若さが僕の血管を音をたてて流れる。そしてプラウとピッケルが同じ手に握られたが、ピッケルの方が急速に比重を増していった。

やがてプラウを捨ててピッケルだけを握って、原野に立つ時がきた。そして僕は、再びリュックに、今度は大きなスケッチブックを入れて山に向った。

僕はある五月の下旬、快晴無風の天狗岳の頂上で、快適なスケッチの時をもった。前夜、十勝三股の市街はづれの笹やぶにもぐり、風呂敷をかぶってての寝袋なしのビバークは、霜柱がザクザクで恐ろしく寒かったが、なつかしいコッヘルでお茶をわかし、朝食もそこそこに、四時には歩きはじめた。足は軽るかった。それは新らしい血が、僕の体を流れたからに違いない。僕は久々で踏む残雪を、喜々として登った僕は、八時には天狗岳の頂上であぐらをかき、スケッチブックをひろげていた。

冬さながらの大雪、十勝の連峰、近くは石狩、ニペソツ、ウペペサンケの峻峰が、まるで解放された僕を、歓迎してくれるかのように立並んでいた。小鳥の声ひとつない、ただ春の日光だけが躍動する静寂と、きびしい山の圧力の中で、僕は実に快適なスケッチを楽しんだ。この時ほど、山が生々として僕の心に迫ったことは、かつての僕にはなかった。

雪消の水で、なつかしいコッヘルでお茶をわかしながら、僕の描く手は休む暇がなかった。それはちょうど、何日もめしを食わなかった人間が、味もへちまもなく、ただガツガツとめしを食うのと同様な有様だった。かついできた数冊のブックは、山上を歩きまわっているうちに使い果して、日が傾むく頃、僕はようやく描く手を休めた。

僕はうれしさで胸がふくらみ、よく子供がエネルギー発散のために、やたらに無意味な声をあげて、かけまわる時のような衝動にかられて、十六の沢へと、残雪を滑り下っていった。

運命の不思議なめぐり合せが、再び僕を山へ追立てた。そして山の絵を描いて生きてゆく方向を運命づけたのは、三十年間、僕をのめすにいいだけたたきのめした自然であった。僕はそれを至極幸福に思い、再び僕は、自分の足であるけるだけあるいて描こうと思っている。僕の目標は、山のデッサン一万枚ということにしている。足が動かなくなっても一万枚あれば、退屈しないだろうから。

昨年の正月、ちらばっている三人の男の子たちを呼び寄せ、原野での最後の正月を、家内一同で祝った。そして家の下を流れる豊似川の、広々とした雪の河原で遊んだ。子供たちは川の氷の上で、スケートをやった。僕と妻は、ただそれを笑いながら見ていた。

僕たちには、こんな生々とした幸福を感じたことは、過去った人生には、そう度々なかったからだ。ちょうど川の上流はるかに、ペテガリの頂が輝いていたが、僕の胸にはもう焦燥感などなく、心安らかだった。

僕には過去に対する哀愁や後悔なんかない。新らしい酒は、新らしい皮袋に入れるだけである。

子供たちは、再び思い思いの方向に、原野の雪をけちらし、元気いっぱいで散っていった。原野の風雪に耐えて成長した彼らの血の中には、青白い神経や悲しさなんかあるわけがない。僕の原野の生活は消えたが、若い彼らの血の中には、生涯を通じて、原野の生活が脈々として流れるだろう。雪面に残された彼らの足跡をみつめて、僕は涙を流した。しかしそれは感傷の涙ではなかったし、三十年間の百姓生活に訣別する涙でもなかった。長い間の苦闘の生活からは、何も残らなかったが、強いて残ったものといえば、六人の子供と、それに山だけである。

もうリーダーなしで、社会を歩けるまでに成長した彼らが、力強く雪面に残していった足跡を見て、かつて自分が若かりし頃、原野に足を入れた当時の心境が、奇しくも彼らの足跡によって、まざまざと思い出されて流した涙であった。それは解放のよろこびであった。彼らには、瀕死の百姓生活からの解放であったし、僕にとっては、別の意味での解放のよろこびであったからだ。

　雪原のかなた、褐色の柏の樹林に消えてゆく彼らは、最後に手を打振って、僕と妻の見送る視線に答えて去っていった。彼らが去ってゆく樹林の上に、その日も日高の山脈が美しく輝いていた。

おにぐるみの花

　山はお天気次第で、楽しくもあり、悲しくもある。僕のこれからの生活も、お天気次第の山を描くのだから、楽ではないと思う。それにいくら不死身の僕であったにしろ、年には勝てない。若い時には、かけ足で山を通過ぎた僕も、今ではそういうわけにはゆかないし、登る他に描かなければならないから、仲間が煙草を吸って寝ころび、口笛を吹いたり、歌を歌っていても、僕の休息は晩めしの後にしかやってこないが、これは不幸のうちにはいらないだろう。

山と絵と百姓のうち、これからの僕の人生には、百姓のひとつが欠けた。しかし僕は今更流す涙はもたない。百姓にしたところで、自然相手の生活であってみれば、まるまる損をしたわけにはならないだろうから。しかし当分の間は淋しいと思うが、それも晩酌のコップ酒が、姿を消したぐらいの淋しさで喰止めよう。


僕は長年月、妻とともに、血と汗をしぼって開いた小さな六町歩の畑は、今度は雑草をはびこらし、種を蒔くことを中止した。忽《たちま》ち草原と化し、早くも白樺、柳、ハンの木の稚樹が一面に生えた畑に立って、僕は日高を眺めた。感無量とはこのことである。かつては生きるために木を倒し、雑草と闘ったが、今では、生きるために畑に雑草をはびこらせ、木をはやす運命を、しみじみとかみしめた。

やがて僕たちに、原野を去る日がきた。仕事のために半歳は家をあける僕は、妻と女の子だけを、熊がうろついたり、雪で足を断たれる原野に放置することはできなかったので、五キロ離れた市街に、家の形をした空家を買った。僕は妻と二週間かかって、馬車に家財道具を積んで運んだ。妻は馬車に積んだらこわれる茶ワンなどを、フロシキで背負ってあるいた。がらくたを積んだ馬車の上から眺める日高山脈は、新緑に残雪という美しい姿だったが、それは見果てぬ夢の泉であった。

これで僕は、三十年間のランプの生活に終止符を打ったが、夜は少し、恥かしいぐらい電灯というものは明るかった。しかし僕の心は決して明るいものではなかった。原野に足を向けると家へ帰るような気がしたし、どちらへ足を向けても、その先に家があるような気がして、しばらくは心おだやかでなかった。それに隣の家も見えないところで、長い間生活した僕には、朝起きて、窓から近所の家が見えるのが少々悲しかった。

働いて、食って、寝て、という三十年間の時間は、忽ちにして過ぎたように思うし、その間原野に雑草をはびこらせて終った無力を、我ながら情けなくも思うが、これからの僕の仕事は、描く絵の中に、三十年間の原野の生活を、たたきこんでゆけばよいと思っている。僕に残された仕事は、もうこれだけである。「山はそこにあるから登る」という有名な言葉があるが、僕は「山はそこにあるから描く」の一本槍でゆこうと思っている。

（昭和三十五年三月発行「北海道の山」（四号〜十号）連載の「山と絵と百姓と」よりの抜粋）

南暑寒山下より群別岳

春の暑寒別山群

――ペンケペタンから山の神へ――

春の季節風が日増しに強くなって、乾燥期に入る頃の雪面の輝きは、春山への思いをかきたてる。

四季を通じて最も苦労少なく、山を楽しめる時というのは、五月のザラメ雪の時であろう。嫌なブッシュはまだ雪の下に押しひしがれているし、水は山上でも至る所で求められるし、まして北海道ならば、あの神経をいら立たせる蚊やブヨも姿を見せないし、その上、日が長いから夏や冬の何倍もの距離を、歌を歌いながらでもスキーを滑らせ、あるいてしまえるという有難さである。

北国人にとっては、スキーや雪の山を楽しむ訓練を充分にもっていたにしろ、やはり半歳の間の雪にとざされた日常生活は、何としても苦痛である。春の山行が楽しくて、心から浮々するのは、冬の生活から解放されるよろこびがプラスされるからだろう。

世帯やつれした男が四人、それに娘が三人のパーティが、リュックと胸をふくらませて、札幌から汽車に乗込んだ日は快晴だった。豊富な残雪をつけて、美しい姿を見せる暑寒別《ショカンベツ》山群を、車窓から眺めて仲間は大はしゃぎである。滝川で下車、すぐバスに乗換える。僕たちはオシラリカダム近くの終点で、残雪のある道に降ろされた。

春の乾燥期に入ると、どうかすると夏さながらの異状な暖気にぶつかるが、この日もそんな暖気であった。鼻先からポタポタと汗の雫を落しながら、スキー靴の中でふやけきって重くなった足を、ボタラボタラとひきづり、投げたくなるスキーをかついで歩く、山麓への歩みは、なんと楽しいことであろうか。こんな時、沢頭に白く輝く峰の姿は、唯一の活性剤であるが、美しく咲乱れる花を見るともういけない。

僕たちは薄紫のエゾエンゴサクが群がり咲く花園にリュックを投げて、昼食を楽しんだが、さてなかなか尻は上らない。流れにはエゾノリュウキンカが黄金の花を、至る所に見せて僕たちの歩みを押止めた。

ペンケペタン沢のヒュッテ泊りは怪しくなって、誰しもずうっと手前の国領小学校泊りに、異議を申立てる者はなかった。

それでもこの日は、十二、三キロ歩いだろう。

学校は小さいが、新築間もないので、気持がよく、僕たちは広い体操場でのびのびと休んだ。

いい年をした父ちゃんたちが、学校備付けのいろいろな楽器を持出して、時ならぬチンドン屋をはじめたり、オルガンを鳴らしたり、暗くなるまで児童なみのエネルギーの発散をやって、楽しい童心を呼びさました。

残月が雪の山の上にかかる頃、僕たちは早々と起きて、出発の用意をした。雪の中に黒々と続く凍結した泥道を、ピリッとした寒さに今日はいとも元気な足どりで歩きはじめた。

僕たちはペンケペタン沢の左岸のテラスへ出て、汗を拭いた。とり巻く山々は、今日も春光を浴びて輝き、雪の中に立った柳は、黄色の花粉をかぶったネコを枝いっぱいにつけ、春の幸をさきがける姿に娘たちは狂喜した。岩壁を横に長く張りめぐらせた恵岱《エタイ》岳は、ここから見るとそう馬鹿にした姿でもなく、なかなか絵になるので僕はうれしかった。ペンケペタン沢を右岸に渡り、恵岱岳の崖の端の白い斜面を目ざし、見事な岳樺の森林の中を、

暑寒別頂上のケルン

顔から塩をふかせて登っていった。

こんな日は、雪の中でも日蔭の方が有難くて、雪面に投げられた青い木蔭の中で、しばしば汗を拭った。ショートスキー組はかつぎ、ロングスキー組ははき、ラッセル不用の硬雪の登りはいとも楽しく、後になり先になり、しゃべり、笑い、歌い、描き、勝手気ままの歩きぶりで、何とも春ならではの楽しさである。

恵岱岳の急坂で、思いのほかしごかれて、待望の雨竜高原の一端にたどりついて大休止。ここは岳樺の疎林で、その向うには、坦々たる純白の雨竜高原が無限の拡がりを見せ、主峰暑寒別はうんざりするほど遠く、大きな屋根型のゆったりとした姿を見せていた。

僕たちは、高原の緩傾斜の雪面にスキーを滑らせ、南暑寒を目標に滑走を楽しんだ。悪天候ならば、うかつに歩けない茫漠たる雪原も、快晴の日はいとも軽々とした気持で、のびのびと歩けるのは、またとない有難いことである。

下りがいつ上りになったかわからないほど、広やかな雪面を、歩く者もいるし、腰を下ろして煙草を楽しむ者もいるという有様で、今朝出発した位置から考えると、呑気至極な歩きぶりとはいえ、かなり距離を歩んできている。

五月の暑寒別岳

雨竜高原から南暑寒への登りは、だらしのない登りであること天下一品だが、天気がよいので、展望を楽しむのには結構だった。

今夜のねぐらは、ともかくも南暑寒の北面あたりの、主峰の姿が丸見えの地点でという慾張り方である。しかし登るほどに猛烈な風で、とてもテントなど気持よく張れそうにもないので、沢に面した急斜面に、ちょっとした平地をみつけてねぐらにした。頭上の岳樺の木梢が大きくゆれ動き、凄まじい音をたてていたが、幕営作業は忽《たちま》ち終った。そこは、深く落込んだ沢をへだてて、主峰の暑寒別を存分に眺められる地点だった。

テントの中から早くも美しい娘たちの歌声が流れ、楽しい晩飯の香りがテントの中に立こめる。熱いお茶のサービスに悦に入る頃、風も凪ぎ、膨大な暑寒の山肌が

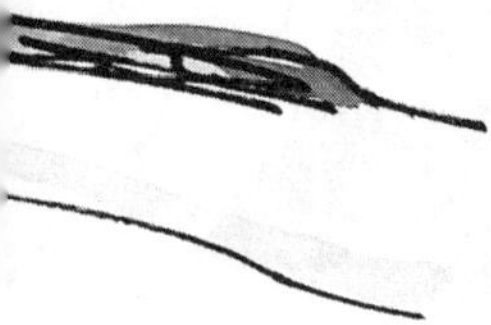

暑寒別の頂近く

夕焼に美しく染まり、また明日の幸福を約束してくれる。なめらかな曲線を描いて落込む沢頭の紫の影が、次第に拡がってゆき、やがて薄暮のとばりの中に全山が灰色に沈んでゆくまで、テントの中から存分に眺めた僕たちには、その

夜は心よい安眠の一夜だった。

翌朝僕たちは、堅くしまった雪面にシールを効かせて、早くに出発した。一時間登るともう南暑寒の頂である。

頂にはハイ松や岩が露出していて、この上ない休憩所に恵まれ、膨大華麗な暑寒別山群の展望を楽しんだ。熱い紅茶のサービスもあったし、歌う者、吸う者、撮す者の、さまざまな振舞を見ているだけで、僕は楽しかった。待望の群別《グンベツ》岳の容姿は、やはり美しいものだった。この頂から南方に続く尾根の突端は、これまた美しい一峰をなして、純白の急斜面を沢まで一気に拡げている様は、僕たちの目を驚かせた。地図では無名峰だが、何とか美しい名称がほしいと思った。その山脚にオシラリカという沢があるので――オシラリカ岳と呼んだらいいだろうな――ということになったが、これはむろん、今日の仲間だけに通用する名称である。

積雪期に、この山群に足を入れた時、第一に奇妙に感ずることは、まるで木がないことである。これはどういうことに原因するのか僕にはわからないが、あるいは豊富な積雪が原因であるかもしれない。ニセコアンの山群なども同じことがいえるのではないか、とも想像される。何れも無木の膨大な斜面が、無限に拡がっていて、底抜けに明るい輝かしい展望が、雪を楽しむ人間に、この上ない楽園を提供してくれる。

かなりの時間を南暑寒の頂で過した僕たちは、暑寒へ続く尾根の最低鞍部まで、大斜面を一気に滑降して歓声を挙げた。それから小登りの後、三回目の楽しい昼食の時をもった。眼前には群別とオシラリカの二峰があった。長い休憩の後、ギラギラ反射する雪面を、主峰へ向って登っていった。

僕たちは間もなく、主峰から西下する尾根の上に出た。そこからは、日本海と雄冬山、浜益御殿、浜益岳が見えた。待望の海と白銀の山波の展望は、道内でもそうざらにはない。主峰の南面は膨大な緩斜面だが、西面は急傾斜で暑寒川へ落込み、

南暑寒山下より群別岳

見上げる頂は主峰の貫録は充分である。岩とハイ松の急な尾根が、この山行最後のはげしい登りを示していた。

　じつのところ、僕は、主峰から群別にゆき、浜益岳、浜益御殿とあるいて、昔なつかしい武好《ブヨシ》駅逓跡に出たかったのであるが、どうしても一日延びることになり——俺たちゃ首になる——というサラリーマンの相棒故、こ

暑寒別の頂めざして

のコースはまた別の機会にゆずることにした。
　約一時間のはげしい最後の登りから解放された僕たちは、全く満ち足りた気持で、暑寒別の頂に立った。そこはなだらかな広々とした頂である。大きく積まれたケルンが二ツあった。僕たちは有頂天になって、よろこびの握手を交わした。

頂から山の神まで、ダウンヒルオンリー十キロ余の尾根を下るには、さして時間を要しないし、どちらにしてもサラリーマンの御出勤に支障なし——ということで——どうせ寝るならこの主峰のてっぺんで——と衆議一決、僕たちは、枯れたハイ松の露出した、海がよく見える場所を選んで最後のテントを張った。今日は早じまいで、おまけに豪華な展望の幕営である。夕方のザラメ雪の快適な滑りを、見逃す馬鹿は僕ぐらいで、スキーを楽しむ彼らの歓声を耳にしながら、暮色に染まる山群が、濃紺の海をバックに浮上る姿を描くのに楽しい時をもった。

ピンクに染まった山肌が色を失い、ひややかな白さに沈み、黒味を増してゆく海が、無限の空間を拡げてゆく、増毛や留萌のネオンが、茫漠たる情景の中に、ただ人間の存在を示すかのように無力に見える。

えぞえんごさく

暑寒別山頂よりオシラリカ岳

晩さんはいとも楽しく、最後まで恵まれた山行を祝福するためのウイスキーの乾杯は、ジンと腹に滲み渡った。そしてテントは歌声で大きくふくらんだ。山はいつでも若さと血を呼ぶ。そして活力と希望を胸に、山を下ってゆく明日の幸福——それは何と楽しいことだろうか。三日間の僕たちのあゆみは、楽しく明るい思い出となって、胸に残された。そしてそれは、これからの人生にとって、いつも明るさと力を投げてくれるだろう。

やがて月が青白い光を投げて、全く一変した別世界が僕たちを包んだ。太陽と月に守られた山上の幕営なんて、考えてみれば、数多い僕たちの山の生活の中に、いくつあっただろうか。

限りない幸福に満腹したあとには、快適な熟睡があった。再び月が群別の山上に傾き、海が暗黒から目醒める頃には今日のモルゲンロートを見逃しては——とひどく寝坊の仲間も、寝袋の中から歌とともに起出してくる。

やがて青白いひややかな西暑寒の山肌は、黎明の光りを浴びてピンクに染まり、僕たちを囲むすべての峰も美しく息づいて、海の上に浮上った。今日もまた、輝かしいザラメ雪の世界がやってきた。

幸福に胸をふくらませた僕たちには、何の未練もなかった。あとは十キロの快適な滑降があるだけだ。この三日間の山行のフィナーレは、これまたなんと楽しいものであったろうか。

仲間たちは、下りにもスケッチブックを取出

えぞつつじ

す僕を尻目に、歓声とともに視界から消えていった。だが僕には、この美しい風景を見逃すわけにはゆかない。それでも暖かい心の持主たちは、時々おしゃべりしながら僕を待っていてくれた。

僕は三十年前、スキーでこの尾根から暑寒へ登ったことがあったが、こんな長い一直線の登りなんか珍らしい地形で、全くあきあきしたが、今日は下り一方なので楽しい限りである。ところで今日の終着駅は山の神であるとは、これまたなんということだろう。山の神とはリンゴの花咲く美しいヴァレイで、いつまでも白い暑寒が、リンゴ園の上に眺められる美しいところである。

尾根がつきる頃、雪はようやくまばらになり、僕はそこで、雪上に散ったピンクの桜の花ビラを見た。思わず見上げるらんまんたる花に、僕の胸はドキリとした。こんな生々しい春がまたとあろうか。

尾根を離れた僕たちは、枯草の草原に疲れた体を横たえた。なんという暑さだろう。全身から汗が噴出すようだ。雪から解放された僕たちは、蒸し風呂のような暑さにすっかりのびてしまった。しかしそれはいとも心よい疲労感だった。

山の神の道は美しかった。山裾は桜や柳の新緑で飾られ、道にはエゾエンゴサク

暑寒別より天狗岳と日本海

の大群落が続いていた。間もなく僕たちは、昔のニシンの千石場所、今はニシン皆無の運命とともに、さびれ沈んだ増毛の街のホコリ道を、スキーをかつぎ、放心した顔つきで、重いふやけた足をひきずって歩いていた。

愛する仲間たちは、再び薄汚いスモッグの都会にもどっていったが、生々とした明朗な山の思い出が、次の山行までの間、彼らをはげましてくれるだろうことを、心ひそかによろこびつつ、僕はひとり

暑寒別より浜益岳

再び原野に去った。

僕にはその上もう一つの幸福が待っていた。リュックには三冊のスケッチブックに描かれた山の姿があった。僕の山の神がそれを聞いてよろこんでくれる幸福が、僕を待っているのだ。それにしてもなんと汽車ののろいことよ。

十二月の身辺雑記

僕がいる市街は、戸数百戸あまり。しかしこれは世帯数であって、家屋の数ではない。開けたとはいえ、まだ随所にススキの茂った草原と、柏の樹林を残している中を、真一文字に走る国道に沿って、無造作に建てられた粗末な木造家屋が、パラッとあるだけである。だが入口やのき下に、山と積まれた薪という風景は、今の北海道でも僻地に特有なものになってきた。

北海道の農村地帯では、内地のそれのように、農家だけの集団というのはない。周囲に住む農家相手の商店、組合、駅などの家屋が、原野の中の国道や鉄道に沿ってあるだけで、こんな小さな町を市街と呼んでいる。東北人にいわせるとシゲエである。

だからたいていは道路をはさんで、一列並びで、ヒョロ長い町になる。人はこれを呼んでフンドシ町という。無人の原野に鉄道がひかれ、駅ができると、それを中

心に忽《たちま》ちフンドシ町ができる。長いのは二、三キロにも及ぶが、これは大フンドシである。

　僕のいるところは、豊似と呼ぶ市街である。僕は原野の百姓にめしを食いあげて、この市街に、三〇年もたって土台が少し腐れたシモタ屋を買って住んだ。見かけはガタガタだが、坪数だけは三十八坪もある大邸宅である。

　買う時に家主は三十坪ぐらいあるということで買ったが、役場の人がきて調べたら、三十八坪もあるということで驚いたが、どちらが損をしたか得をしたかは、よくわからない。屋根柾《まさ》は一冬ぐらい越せるよ——という話だったが、雨が降ってみると、大変な雨もりで大騒した。

　ところで、僕の家は、国道の東側だから、西向きになる。ありがたいことには、表の戸を開けると（むろん開けなくても見える）日高山脈がずらりと見える。ちょうどペテガリが入口の正面に遠く見える。

　僕のアトリエ（と呼べば呼べないこともない）の東の窓からは、青空の下に、赤く雪に映える柏の樹林が見える。夕方なんか煤煙のない清澄な空に、薄光を投げる

冬の豊似市街

大きな月が見えたりして、うれしい窓でもある。冬の満月の時には、この窓から太陽が昇るのが見える頃、もの凄く大きな黄色い残月が、ちょうどペテガリの上に落ちる。その反対の時には、この窓から、赤い橙色をした巨大な月が昇るのが見える。

　こんなフンドシ町でも、近頃では竹トンボのようなテレビのアンテナが、軒並みに立っていて、それがないのは僕の家ぐらいである。

　僕が三〇年の百姓をやめて、ここに引越したのは三年前の六月であった。毎日妻と二人で、家財道具を馬車に積み、六キロの道をゴトゴトと運んだものだった。そして半分運んだ日の晩から、僕たちは市街の家に住んで、今度は反対に市街から原野に通って、引越を終ったが、しばらくの間は、どちらへ向いても自分の家があるような気がして、気持はおだやかでなかった。

そんなわけで僕は、三〇年ぶりで、ランプの生活から電灯の生活に昇格した。はじめは目がくらむほど明るい感じで、夜なんかちょっと恥かしい気持がしたが、少したつと馴れてしまって、あんまり明るいとは思わなくなった。今たまにランプの農家へいってみると、よくもまああんな暗い所で、読書したり、絵を描いたものだと、奇蹟のように思うのだが、便利だということは、逆に人間を不自由にするものであることがしみじみした。

ところで冬は家の前を車が走っても、ホコリが立たないから有難い。立っても雪煙りだから、見ていても気持がよい。凍結した土の上に、雪が踏固められるのだから、パンとしたコンクリート道路で、冬だけはどこでもペーブのようなものだ。市街から三分もあるくと、豊似川の清流がある。車がひっきりなしに走る橋の下で、夏ならヤマベも釣れるし、マスもアキアジものぼる。橋を渡って、十分も歩くと、小高い丘の上に立つことができる。この丘の下に焼場があるので、僕はオンボ山と呼んでいるここからは、樹林でうづまった原野の果に、冬ならば寒々とした青藍の太平洋が見え、西には日高山脈が見えるが、特に南日高の楽古連山が近くに望まれる。

オンボ山の春もなかなかよい。南面にはスズランがたくさん咲き、シラネアオイ、カタクリ、エゾハナシノブ、オオサクラソウの群落が見事である。冬は僕のスキー場で、毎夕方一時間滑って、体がフヌケになるのを防ぐことにしているが、たいていは僕一人であるから静かでよい。だがたまには市街の子供たちと、滑って遊ぶこともある。

ちょうどいつも夕方になるので、空の色や原野の色彩がみるみる変り、まことに目と体の保養になって、僕には楽しい時間である。太平洋の水平線上の空が、雲がない時には、ほんのりとバラ色になり、その下が何ともいえない青い色になる時には、いつも滑るのを止めて眺めるのだが、こんな空に淡い色の月がかかった時などは、ただ丘の上に立って眺めただけで帰る時もある。僕の好きな、巨大な柏の原始林というのは、戦時中に惜しくもあらかた切られてしまってないが、小柏の純林というのはまだ随所に残っていて、僕を楽しませてくれる。柏というのは、青年期過ぎるまでは、冬中枯葉を落さないので、一点も緑のない冬の原野では、唯一の暖色でもあるし、また、その褐色と白い雪とのハーモニイがまことに美しく、北国の特徴ある風景を作り出してくれる。

原野のススキは丈も高いし、それに枯れても硬いので、雪が浅い一、二月では、雪上にツンと立っている。色は特に明るいジョンブリアンで、柏とススキと雪の眺めは、僕には最上のものである。こんな風景をもう三〇年も眺めているが、あきるどころか、ますます美しく見えるのは、われながら不思議でならない。

十二月と一月は、いちばん日が短い時だから、月が頭の上にまできて、いちばん月夜のすばらしい時で、八〇キロ以上も遠い北日高の山々まで、はっきり見えるほどだ。そしてまたモルゲンロートのいちばん美しい時でもある。というのは、朝焼というものはいちばん日の短い時が時間も長く、色も最上だからである。

原野から見た、冬の日高のモルゲンロートは、僕は日本一の眺めだと思っている。

（一九六二年「山と高原」十二月号掲載）

原野と日高の山波

僕は昭和五年以来今日まで、十勝の原野から日高山脈のつらなりを眺めたり、絵に描いたりしてきているのだが、飽きるどころか、ますます好きになってゆくばかりだ。

五万分の地図八枚にわたる長大な山波を、坦々とした原野を前景に、一望のうちに見渡せる風景というのは、道内では十勝以外にないし、国内にもむろんない。

僕にとっては、そんなことはどうでもよいことだが、僕が最初にこの大きな展望に、身も心も奪われた時代の原野と今の姿は、よほど変ってきた。それは未開地が開発されたからで、簡単にいえば、

開けたからである。昔といっても二十年ぐらい以前には、春の種蒔きが始まる頃になると、毎年のように猛烈な風害があった。十勝の春の乾燥期というのは、全く異状なぐらいで、毎日季節風のヒカタ風（西南風）が吹くが、これが異状に発達すると、風害が起る。火山灰だからたまらない。夜が明けて気温が上昇すると、空は黄塵万丈で、太陽はぼんやりしてみかん色になり、畑作業は全く不可能になる。これは地吹雪と同じような現象だから、高みの土は飛ばされて低地に堆積する。蒔いた種は吹飛ばされ、低地の種は火山灰で埋没という有様で、いわば百姓の命取りだった。そこでその対策として、畑の周囲にゴバンの目のように落葉松を植えて、風防林を作った。それが今では大きく成長して、風害を防いでいる。僕の風景観賞からいうと、この味気ない風防林が邪魔になって、車窓からまる見えの山波もあまりよく見えなくなった。これは僕の勝手であることは承知だが、つまり前景がすっかり変ってしまった理由は、このようなことからである。

だが開けたとはいっても、まだまだ未開の所もあって、僕は暇を作っては歩いている。いい前景をみつけて日高山脈を眺めたいからである。

晩秋の原野と日高連峰

原野からいちばん美しい姿を見せてくれるのは、札内川上流と日方川上流の山波で、ペテガリ以北、札内岳ぐらいまでである。この美しい山波をいちばんよく眺められる地点は、広尾線の更別原野を中心とする地帯である。

僕は山に雪がきて全山冬の姿になると、もう心がおちつかない。僕の胸には、いまもこの壮麗な山波の姿がつきまとう。積雪がまだあまり多くならない十二月頃、僕はよく更別原野の山波に平行した一直線の国道を、画板をさげて歩いた。美しいカールを抱いて、俊烈な渓に青い影を落し、紺碧の空に白光を放つ山波は、いつ見ても僕の体内に新鮮な命を吹きこんでくれる。尖峰こそもたないが、山腹に三ッの大きなカールを抱いた、豪放なペテガリの山体は、標高千七百米の山とは思えぬ圧力をもっている。

しかしこの山波の展望も、日足の早い冬では、せいぜい十一時頃までである。あとは逆光線になって、青い影一色の山体がつらなり、そのまま金色の空をバックに夕空に沈む。多忙な僕には、この広い原野をテクテクとあるいたところで、快心の前景にゆき当るということは容易ではない。一里や二里あるいても大きな変化はないからだ。

広尾線が大きくカーブして、一段低くい丘陵から更別原野の台地に上る所に、見事なミズナラの純林をもつ丸い山があるが、これは丸山と呼ばれている。この山の西面には大きなへこみがあって、下には小さな泉が湧出ている。ここだけには樹林がなく、絶好の展望台であることを発見した僕は、春、秋、冬と、もう何年もここに通い続けた。カンバスを立てて座ると、尻がずり落ちてゆくほどの傾斜だが、冷い風が届かぬこの上ない楽園である。ここからの眺めは、適当な高度があるから、大きな更別原野の上に、ペテガリ以北の山波が、一望の視野にはいってくる。むろんペテガリ以南も見えるし、遠くは北端のピパイロ、芽室の山々も見える。尾根に出るとはるか遠く十勝連峰やウペペサンケも見える。しかしどちらを向いても、絵にするには、全く手におえぬ原野の広さが、僕を悩ますのだが、描かないではいられない。

残雪期の六月、しっとりと露に濡れた花を踏んでここを訪れた時、おくゆかしい芳香をもつミツバウツギの花が満開で、胸をおどらせたが、僕にはとうてい絵にはならない前景だった。

三月中旬頃の硬雪期は、僕にとっては、絶好の原野探訪のチャンスである。ポリロンを張ったスキーは、一里ぐらいの雪原も、またたく間に通りこすほどの快調な滑りだから、気温が上昇して雪面が解けるまでには、相当の距離を歩

ふくじゅそう

雪原と中部日高連峰

ける。わずかの傾斜地では、自転車なみに飛んでゆく。快適な竪雪ならば、自転車で走れるし、郵便配達はオートバイに乗って、あっという間に雪原のかなたに消える。しかし、わずかでも解けはじめたら、完全にお手挙げである。

純白の更別の湿原は、僕には大きな魅力で、しばしばスキーで訪れた。ここには特産のヤチカンバがある。湿原がつきるところに大きな丘陵地帯があるが、ここには僕の好きな柏の純林もあるし、立枯れや柏の巨大な老木もあって、山波の展望も申分がない。

寒中の汽車に乗ると、窓ガラスはまっ白に凍結する。僕ははげしいいらだちを感ずる。山が見えないからだ。爪で氷を削り、小さな穴をあけて山を見る。見ているうちにまた氷がついて見えなくなる。小さなのぞき穴から見る山の姿は、どうも特別美しいように見えて仕方がない。これにはカッチャイては眺め、カッチャイては眺め、という形容がよくあてはまる。時たま見知らぬ乗客に「失礼ですが、坂本さんじゃありませんか」と聞かれて、ギョッとする時がある。「どうしてわかりました?」と聞くと「そんなに一生懸命山ばかり見る人は、あんたぐらいだと思ったからです」という返事を聞いてからは、カッチャイては眺める時は、それを思いだして、どうも周囲の人が気になるようになった。

まあこんなわけで、僕の青年時代から、僕の情熱と心を、原野の一隅に釘付にして、今日まで貧乏暮らしをさせた日高の山波は、目をつぶると、いつでも僕の前に、さん然たる光を放って延々と波うつのである。

へびのたいまつ

本名をえぞてんなんしょう（天南星）と呼ぶ。これを一名へびのたいまつと呼ぶが、まことにそのものズバリの呼称である。

春先、先の尖った棒のような芽を出す。淡いグリーンに、ちょうど蛇のような縞があって、ちょっとうす気味悪るい。それが一尺ぐらい伸びると、苞が破れて、中から葉と花が出てくる。葉と花が、この苞の中に小さくたたみこまれていて、苞が破れた時には、シワクチャの葉と花が見えるが、ぐんぐんシワが伸びて成長する。それが面白くて、僕は毎日眺めにいったものだ。

初夏の頃、樹林の下で、人知れず一茎一花の花を開くようになるが、これがまた風変りな姿で、色も深いグリーンに白い縦縞という、いともしゃれたデザインであ

しゃくなげの蕾

へびのたいまつ

る。同類には蛇とかマムシの名がつけられているほどだから、ちょっとグロテスクである。である。これはコンニャクと同様、さといも科の植物だから、花の形もよく似ている。

花が終ると、まるで違った形の実がつく。それは豆粒が団子のようにかたまった形の穂である。はじめは濃緑だが秋になって熟すと、俄然はげしく人目を射るバーミリオンレッドとなり、これには誰しも驚ろくに違いない。へびのたいまつとは、実にうがった呼名である。これは花びんに生けて、野趣あり、風情ありで好ましい変り者である。

故知里博士によれば、アイヌ語ではこれをラウラウ（球茎）と呼び、アイヌ人は好んでこの植物の芋のような根を熱灰に埋めて焼いて食べた。しかし中央部の黄色の部分は、有毒だから、必らず除いて食べたが、この部分を虫下しに用いた。その他、種子を乾燥貯蔵して、腹痛の時用いた。また子宮病、神経痛には、根の有毒の部分をおろして、布か紙に塗って貼布した。

（「紅」三十三号掲載「私の草木漫筆」）

〝ばあそぶ〟と〝ぢいそぶ〟

ばあそぶ

これは原野に自生する植物だが、蔓性であって、後述の「つるにんじん」とともに、「ききょう科」の植物である。

両者とも、ほかの草にからみついて成長するが、前者は後者ほどやたらにはない。全体が毛で覆れて色は暗緑色、花は鐘形で紫褐色だが、なかなか風情たっぷりで、切花によろしい。

牧野図鑑によると「ばあそぶ」は木曽地方の方言であって、鐘状をした花の内面が、暗紫色であるためにつけられた名称である由。つまり、ばあは婆、そぶはソバカスすなわち雀斑なり、とあるのは興味深い話である。

故知里博士によれば、アイヌ語でこれをムクと呼ぶが、これは食用にする根をさしての呼称であって、後者の「つるにんじん」とともに、その根を焼いたり煮たりしたものに、油をつけて食べたし、生のままでも食べたということである。

つるにんじん

原野では、至るところで見られる蔓性植物である。切れば前者と同様に白乳をだし、全草には一種の臭気があって、手折ると手にその臭気がうつる。

これは前者のように毛がなく、全体は平滑で、淡緑色である。花は緑色である。花蕾は球形で、これを指でつぶすと、パチンと音がするので、子供たちの玩具になる。牛馬はよろこんで食べる。

花は基部の方は白緑色であるが、先端にゆくほど紫褐色で、前者の花と同様に風

情がある。
前者の「ばあそぶ」に対して、これを「ぢいそぶ」とも呼ぶ。すなわち老爺のソバカスの意であるが、方言の面白さがよくでていて楽しい。
アイヌ語では、この根をチルムク、トペムク、トプムクなどと称して、食用にしたほか白乳が出るために、母乳がない時には煎じて飲んだり、乳房をそれで冷やした。
（「紅」三十九号掲載「私の草木漫筆」より）

広尾又吉の死

アイヌの老人、広尾又吉が死んだのは、二年前の昭和三十二年のクリスマスの日であった。

僕が広尾又吉と知り合ったのは、何年頃とはっきりした時期を覚えてないが、そしてまたしょっちゅう行き来して交ったというわけではないが、又吉老人にとっては、僕は唯一の友だち（シャモとしては、シャモというのは和人すなわち日本人）だったようだ。僕としても、アイヌ人の友だちという好奇心もあったろうが、それよりも存命しているアイヌ人としては、珍らしい自然児であったところに大きな魅力を感じたし、それだけに愛すべき人

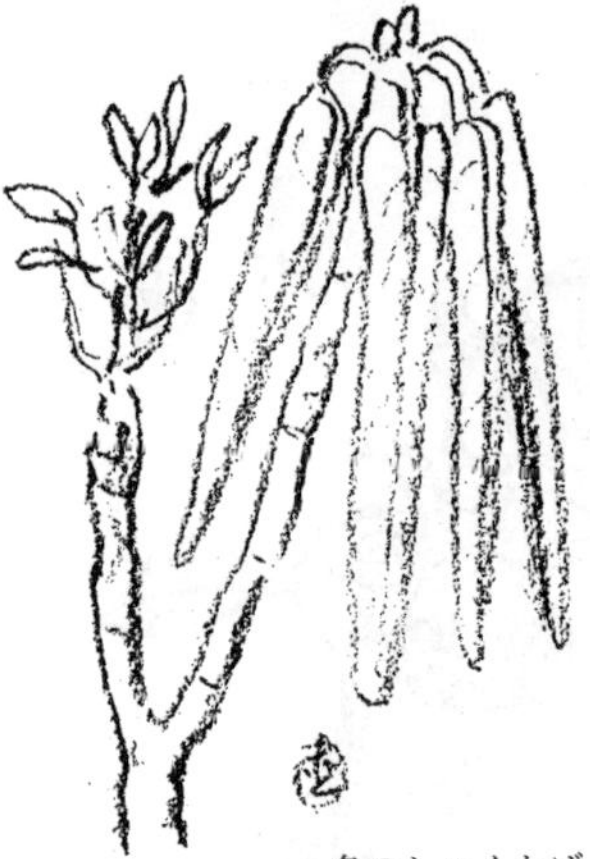

冬のしゃくなげ

柄の持主でもあった。

　昔、せっかく官庁からもらった土地も、村のボスたちにだまされたり、意地悪をされて捲あげられ、晩年には赤貧洗うような貧乏生活を続けていたが、それでいてひがみ根性ももたない無欲恬淡《てんたん》たる風格が、僕には大きな魅力だった。

　僕が広尾村（現在は町）の原野に足を入れたのは、昭和五年の晩秋、まだ鉄道が開通してない時だった。熊獲りの名人広尾又吉の名を知ったのは、それから間もなくのことだった。当時の僕は、外を出あるく暇をもたなかったので、

一ぱいやの又吉

しばらくは又吉老人に会う機会もなく、過ぎてしまっていた。

少し余談にはなるけれども、村名と姓とが同じであることについて、簡単に記しておこう。これは北海道の開発も多少進み、全道的にわたって住んでいたアイヌ人たちに、戸籍法が適用され、村役場で登録する時、姓をもたないアイヌが大部分だったから、役場でも係りが困りぬいた揚句、思いついたのは村名を姓にすることだった。内地の農村ではこのようなケースは珍しくはないが、意味が全く違い、何かユーモアを感ずる。

ところで僕は、美しい日高山脈を、毎日眺めているだけでは気分もおだやかでなかったので、暇をつくっては、又吉老人が熊狩りに盛んにあるいた南日高の山々を、独りであるきはじめた。

そんなことをする人間は、僕以外になかったので、山好きな人間としての僕の名は、人口の少い村のことだから、いつの間にか又吉老人の耳には届いていたようだった。そして僕に対して、同じく山をあるく人間としての親しさが、又吉老人の心のうちに、いつの間にかできあがっていたらしい。というのは、四、五年たってから、偶然、市街へ出ると、いつも休んではお茶や時には飯までも御馳走になるK

鍛冶屋で会った時、又吉老人の笑顔の中から、僕はそのことを読みとった。

いたって単純な彼らの生活——自然を唯一の相手に、何の気兼や遠慮もなく自由に歩廻り、自由に食い、自由に寝、自分の足の届く限りは皆俺の領分だ、という呑気至極な気持の生活を透して、人間を観る老人にとっては、僕はやはり、そのような生活を理解してくれる仲間だ、という先入観をもって眺められていたに違いない。

もっとも、現在僕たち登山者同志の間では、見知らぬ人であっても、山を愛し山に登る人であることを知った場合には、一応は無条件的に親しさを覚えて、心の緊張をゆるめて語合うのだが、又吉老人の場合には、もっとそれよりも違ったものがあったと思うのである。というのは、自然は彼らの生活の根拠であったし、生活の全部でもあったからだ。会った最初から、又吉老人が僕に示した好意は、あの白いヒゲにうづまった細い柔和な目、口が現わした、ほのぼのとした親しさ、暖かさのこもった笑いのなかに、僕はそのことを直感した。

僕が鍛冶屋の雑然とした店にはいると、ここの主は、先客のアイヌの老人——ふさふさと伸びた白い頭髪、あごにも胸まで垂れた見事な白いヒゲをたくわえた、がっしりとした短身のアイヌの老人を指して、

いかを吊す又吉

「おい!! 村の草分けの又吉だ。名前くれえ知ってるべ」

と紹介してくれた。僕は一瞬はッとして、これが会いたいと思ってた又吉老人かと思うと、思いがけぬ幸運を心ひそかによろこびながら、

「こんちゃあ(こんにちわ)」

と僕はぺこんと頭を下げて挨拶した。鍛冶屋の主は、

「こいつはな、坂本ちゅうんだ。おめえみてえに、頼まれもしねえのに山をかけづり廻る男さ。まあおめえの仲間だ。したども熊ぶつどころか、見ただけでもケツ抜かす方だけどな」

口の悪いこの主の、悪口とも紹介ともつかぬ言葉には、一向頓着することなく
「ああ、坂本《シャカモト》しゃんか、なめえ聞いて知ってらけどもなあ——俺あいつどあえてえと思ってたきゃあ、いいえんべえだった」

と又吉老人は、僕の顔を実に親しげに見て、あのヒゲにうづまった目と口が、柔和に笑いかけた。僕はその瞬間、もうずうっと以前から知合ってたような、親しさと気安さを覚えた。

又吉老人の手には、四合入りの焼酎ビンが握られていた。老人は茶のみ茶ワンをとって僕に差した。

「どうだ坂本の大将、一ぺえ!!」

僕が黙って受取った茶ワンに、老人は体に具えつけの栓抜の歯で、事もなげに栓を抜くと、焼酎をなみなみとついでくれた。

「兄弟分の盃だぞ!! しっかり飲めよ。足らねえんだったら店にゆけばいくらでもあらあ」と鍛冶屋の主は茶々を入れる。

「大将も山しきで歩るってるってなあ。俺あ聞いて知ってるぞ」

「そうかい、僕も又吉さんに是非会いたいと思ってたんだよ。今日会えてほんとに

よかった」

僕は焼酎を御馳走になりながら、しばらく又吉老人と山の話をした。深くくぼんだ柔和な目に、どことなく鋭い光のあるのは、自然を観察する時、また熊の姿を求める時の、長い間の訓練から具わったものだろうと思った。しかし世の中には、いわゆる眼光けいけいとして、その鋭い目が心を射たり、圧したりという、いわばあまり好感をもてない目ざしの人もいるものだが、同じ鋭いといっても、又吉老人のそれは、全く感じの違ったものであった。それは人の世の欲から離れて、万象の動きを注視する鋭どさを感ずるだけだった。

老人は熊獲りの経験談を、僕に問われるままに長い間語り続けた。

「大将!!　シトケ（老人の仲間）の奴知ってるべ。あの野郎は体ちゅう熊の爪跡《チメ》だらけでよ、とうとう不具者《カタワ》みてえになったどもな、俺には爪跡ひとちねえんだ」

「そりゃあどうしてさ」

というと、又吉老人は得意そうに、

「俺あ自信ねえ時きやな、じえってえぶたねえからよ。俺あいちも熊の心臓さ鉄砲、おっちけるようにすてぶちからよ。だからいちも一ぱちでゴロすけよ」

老人の熊獲りの確実さは、大胆不敵に、二〜三間の至近距離で引金を引く、ということであった。僕はしばらく語り合っていたが、

「大将またいちか会うべな」

といいながら立上った。いつの間にか焼酎ビンは空になっていた。又吉老人は坦々たる国道を、南へ向ってあるいていった。僕は外に出て、しばらく老人の後姿をみつめていた。その姿からは、はげしい原始的な体臭が発散するのを感じた。彼の目は何をみつめるのか、世の一さいの繁雑には馬耳東風、全く無関心のような足どりで、素足にはいた草鞋《わらじ》の下から、ポッポッとホコリをたてながら、肩を大きく左右にゆする特徴あるあるきぶりを印象に残して、又吉老人は僕の視界から去っていった。

あの左右に肩をゆする歩方は、鉄砲を肩に、倒木をまたぎ、石を乗越え、藪をこぎ、長年月あるいたというよりも、そのような生活そのものから身についたもののように僕は感じた。

「アホづらこいで何見てんのよ!! アイヌのじっこ珍らしいのか、おい!!」

と鍛冶屋の主は家の中からどなった。僕はハッとしてまた家へ上りこんだが、焼

オムシャヌプリの暮色

酎がだいぶん廻ってきたことを感じて、馬に乗って鍛冶屋を去った。

　これが又吉老人と、僕が待望の会見をした時の印象であって、今でも僕はその時のことをはっきりと思出すことができる。

　その後又吉老人とは、しばらく会う機会がなかったが、それでも例の鍛冶屋の店先で、あるいは一杯屋の店頭で幼稚園（昔売っていたいちばん安いビスケット）をかぢりながら、焼酎のコップをなめる又吉老人と会ったことを記憶している。

老人は
「一ぺん俺んとこさも遊びさこいや」

といわれたが、つい多忙でその機会もなかったが、たしか昭和十二年の夏だと思うが、若い山仲間三人が、カムイエクウチカウシ山に登りにいって、帰りがあまりおそいから、捜索に出てくれ、という連絡があった時、僕は日高の地理に精通する又吉老人を思出し、同行を求めるため、はじめて又吉老人の家へ馬を走らせたことがあった。

又吉老人の家はヌプカペツに沿う、一直線の開さく道路を、国道から約八キロはいったところにあった。山がすぐ家の後に迫っていて、南向きの暖かいゆるやかな斜面、というまことによい場所だった。だが残念なことには、老人はシマウシの海岸に遊びにいって、留守だった。これで僕は、又吉老人とは、永遠に山行を共にする機会を失ったのだった。

当時僕は、更に未開の原始林のある原野に居を構え、雪の中で掘立小屋を建て、開墾の荒仕事に没頭してたので、仕事以外のことには、いっさい振向きもしなかった時がしばらく続いたから、又吉老人の安否を気にするのがせいぜいだった。郵便配達に聞けば、一番手取早く消息がわかるので、配達に時折老人の様子を尋ねていた。そして敬老会に乗馬で出席した、なんていう消息を聞いてたりして安心してた。

又吉老人は、それからだいぶんの年月が流れてから、突然、愛用のガタガタした村田銃を肩に、晩秋の雨あがりの夕方、僕の家を訪れたことがあった。当時僕のいる原野に、熊が盛んに出没して、用心がわるくて困っていたが、それを聞きつけてやって来たのだった。この時すでに八十才を越えていたのである。一本のヤチダモの細木を杖にして、少し不自由らしい足どりだった。こんな有様で、僕の家まで十二、三キロの道を、あるいて来たのであるから、全く話の外で、おまけに熊を追いかけるファイトに至っては、驚嘆せざるをえなかった。

その晩は珍らしく僕のところにも焼酎があったので、又吉老人とは、実に印象深い一夜を過した。焼酎に日やけした顔を赤らめ、若い頃の話や、熊獲りの話や、それにほろよい機嫌で歌ってくれたアイヌの子守歌の、哀愁切々としたメロディは、アイヌ人特有の顔に似合わぬやさしい声とともに、強烈な印象を残した。アイヌ人の歌う声は、地声とは全く別な非常に哀調を帯びたものであるが、メロディに至っては、何れも深い物悲しさをたたえて、滅びゆく民族の悲哀とでもいおうか、心をえぐる淋しさに充ちたものばかりである。僕の一家の者は、時のたつのも忘れて、老人のお伽噺に聞入ったり、歌を聞いたりして、いとも満足げな老人の顔から、目を離さなかった。

この時アイヌネギ（ギョウジャニンニク）の話がでて、その珍味をお互いに語合ったが、又吉老人は、アイヌネギのことを

「あれはな、ワシのネギちゅうんだ」

といって皆を笑わせた。アイヌ人は自ら、タブーであるアイヌという言葉を避けるからだが、自分からこんなユーモアを口にするほど、彼の心には卑屈感などなかった。

翌朝老人は、僕の家の下の原始林の中で、トヨニペツに沿うて海岸まで、熊の足跡をたどりながら下っていった。

このあたりの原野の道で、彼の知らぬ道というものはない。何十年前の道でも、それがたとえ草にうづまり樹林で覆われようとも、それを実に正確に記憶している。

彼には「原野の主」という言葉がよくあてはまる。僕の家へ泊った時、子供たちに八十四頭の熊を獲ったといっていたが、おそらくそれ以後は、急速に老衰したので、これがたぶん最後の記録であろうと思う。又吉老人が死去した前々年の晩秋だったが、札幌から来た友人のK君と、自転車で老人宅を訪れたことがあった。又吉老人は家の裏から、相変らずヤチダモの杖をついて、笑顔とともに現われたが、もうよほどよぼけて見えて心配だった。

「今日でよかったしゃ、あしだば山さ熊ぶちに出るとこよ」

「又吉さん、その足でかい」

と僕たちは驚いたりよろこんだりだった。それから僕らは半日ほど、持参の焼酎を老人と酌交わしながら、旧交を暖めた。そして、日没の早い秋の日足をうらめしく思いながら、老人と別れたが、その時、ナワにたくさん

雪原に馬を馳せる

ぶらさげて干してあったイカを、恐ろしく切味のいいマキリで、巧みにきざんで、焼酎の肴に出してくれたあの器用な手付きが、僕の印象に残っている。

その後僕のところに、パトロール（原野のパトロールとは妙だが、規則ではそうなってるらしいし、それに原野の巡査は暇だから）にきた巡査と話をした時、はからずも話が又吉老人に及んだ。

「又吉はね、戸籍づらでは八十六才ということになっているがね、なんでも本当はアルファ付きで、本人も知らない年が二十ぐらいあるという話なんだが、驚いたもんだね。それがね、まんざらホラでもないらしいんだ。戸籍には明治四年一月不詳生となってるんだ」

「そりゃまたどんなことでさ」

「いや、又吉のいうことと年が合わないそうだよ、年代は知らんがね、十勝のアイヌと日高のアイヌが昔この川の奥で戦争したことがあった時、又吉は酋長だったというから、酋長なら十や十五の子供ぢゃなれんからな。いくら若くたって二十才過ぎなきゃ」

「あああのトヨニペツの奥のメノコチャシの戦争の話かい」
「そうだそうだ、それなんだ。あの場所は今では又吉しか知らんそうだ」
「その話なら僕も聞いたんだ。暇があったら一度又吉に案内させたかったけど、何せ忙しくてね」

メノコは娘、女をいう。チャシはとりでで今の言葉では要塞である。戦いは十勝の負け戦らしく、女たちばかりを避難させたのでこの名があった。

昭和三十二年の十一月の上旬だったと記憶するが、札幌のアイヌ民族の研究家更科源蔵氏と、他に知人四人で、又吉老人宅を訪れた。

更科氏の話では——十勝にはまだアイヌの年寄はいるにはいるが、純粋の十勝系アイヌは、現在では又吉一人であることがわかった。その意味では国宝的存在だということだった。アイヌ民族は地方の集団毎に、言葉、習慣、迷信などに、相当の違いがあるので、是非又吉老人に会わせてくれ、というので訪れたのだった。

僕はそれより少し前、配達から又吉老人病臥の報を聞いて、早く見舞にいってみたいと思いながら、秋の収穫の多忙さで、なかなか出る暇がなかった。

又吉老人はこの時すでに歩行不可能で、腹膜に水が溜る病気のため、太鼓のような腹をして寝ていたが、僕たちの訪問を見て、起きてきてストーブの前へあぐらをかいた。僕たちは又吉老人の死期を早めることを恐れたが、老人は一向平気で、結構話相手になってくれた。

その時老人は、はからずもアルファ付きの彼の年を立証する、歴史的な事実を物語って、僕たちを唖然とさせた。

それは明治の初期、当時のロシヤと、全樺太と千島列島の領土交換があった時、樺太在住のアイヌ人が、北海道に送還されたことがあった。そしてその送還されたアイヌ人数十名が、札幌近郊のツイシカリ原野に入れられたが、その当時又吉老人は、札幌附近まで出かけてたらしく、送還されたアイヌ人たちのみなりが自分たちとはひどく違ってたことを物語ったからである。

この話を聞いた僕たちは——うーッ——とうなったきりで、互いに顔を見合せて唖然とした。この事件は明治八年（一八五七年）で、又吉老人の生年月日は明治四年一月不詳だからである。

そうすると百才近い年令で、鉄砲をかつぎ、ろくな食糧も持たず、山中に寝泊りして熊を追いかけてあるいてることになるが、こんなことは、超人を通り越してお

伽噺の部類にはいる。

　老人はまたこんな話をして、僕たちを驚かせた。広尾村から襟裳岬を廻って日高に出て、それからどうあるいたかよくわからないが、滝川に至り、日本海の浜益まで、ニシン漁の出稼にいった話は、これもお伽噺に聞えた。

「何日かかったかね」

「何日だか何年だか俺あ覚えてねえよ」

　自然を相手に暮らす人間に、年令や時間が何の必要があろうか。そしてまたもや愚問を発した。

「何でいったのさ」

墓地に送られる又吉

「昔何あったのしゃあ、俺の足しかねえよ」

と一同はしかられた形だった。北海道の開拓史を研究してる更科氏としては、全くの黒星である。それでも口の悪い更科氏は

「直行の健脚も、こうなるとねうちねえな」

と僕をひやかしたが、いうべき言葉がなかった。まあ一度地図を拡げて、その距離を調べてみるがいい。

更科氏は、十勝系アイヌの唯一の生存者である又吉老人の子守歌を、録音しようと張切ってきたが、歌だけはもう歌えなかった。僕たちは重態

と見える老人に不安を感じて、一同は深い愛惜の念にかられ、後髪を引かれる思いで老人の家を去った。

僕はその後すぐ、又吉老人を診察していた医者に会って聞いてみた。

「もう百才近い年だというし、それに普通の人なら、あんな容態で起きて話をするなんてとても考えられないよ。やっぱり超人だねあれは。しかしあれではもう長いことないだろう」

ということだった。

十二月二十六日の朝だった。有線放送のスピーカーが、突然僕に大きな悲しみを伝えた。それは又吉老人の死であった。クリスマスの夜に目を閉じ、翌二十六日午后一時から、又吉老人の葬儀があることを、親類に連絡する放送だった。現在北海道の農村では、農業協同組合を本拠にして、数里離れた組合員宅まで線を引き、組合からの連絡事項を伝達するようになっている。親類同志の連絡でも、全組合員が聞いてるから、ないしょ話なんかはできない。僕は暗い気持で雪の原野に馬を駆った。雪はまだ浅かったので、近道して一直線に飛んでった。

形ばかりの粗末な祭壇に、少し前に訪れた、又吉老人の肖像を撮したK君の寄贈による写真が――こう早く役にたつとは思わなかったが――飾られてあった。坊さんはきていたが、参列者は誰もきてなかった。坊さんは墨をすって、形ばかりの板ペラを手にとり、流石は商売で、サラサラといともあざやかに、故又吉老人の法名を書流した。書終った字を見て、僕は実にうれしかった。それには「秀岳瑞松信士、俗名広尾又吉、明治四年一月不詳」とあったからだ。

「法名をお付けになる時、故人の生前の事をお考えになって、付けられるのですか」

と僕はたづねた。

「そりゃむろんです。又吉さんは自然児でしたからね」

元来僕は坊さんの言葉なんか、有難く思ったことはないが、この時ばかりは妙に有難く聞えた。

又吉老人は、小さな粗末な棺におさめられてあった。棺を積んだ手橇《てぞり》は、数人の人たちに守られながら、太平洋の見える原野の墓地へ曳かれていった。僕は雪原のかなたに消えてゆく、淋しい人数の埋葬を、視界から去るまで見送っていた。

がらんとした何も道具のない家が、主を失ってひどく淋しく見えた。土間の釘に、又吉老人の愛用した古めかしいガタガタの村田銃が、無造作に懸っていた。僕はそれを見て、今更のようにはげしい悲しみに涙を覚えて、雪原に馬を駈った。

老人が生前よく足を入れたヌプカペツの上流に、オムシャヌプリの尖頂が、逆光線の夕空をバックに輝いていた。

地に墜ちたヌプカ（原野）の星。僕の迎えた正月は、心が晴れないままに過ぎた。

（「アルプ」一九五九年四月号掲載）

風蓮湖の白鳥

夢の白鳥を訪ねて

白鳥のいない風蓮湖

十月も下旬の快晴無風の朝だった。僕は三人の友と、ゆるやかに流れ、青空を映した青い鏡のような別当賀川を、小さな舟に乗って、風蓮湖へと下っていった。

霜枯れた河岸のアシは、もう白く色が抜けて明るく、それが水に映った有様は美しかった。湿地特有のヤチハンの樹林が、アシ原の所々にあって、よい色のハーモニーを作り出しているほかは、青い空があるだけだ。

舟は滑らかに走る。水に静止した両岸の投映が、突然舟が描く波紋で乱れる。二キロも走ると、急に行手が開ける。風蓮湖である。

それは例えようもない広さと、明るさと、原始性を多分にもった、華麗な風景だった。

静止した青藍の水と、清澄な空だけがそこにあった。高度のない湖岸は線となって水平線上に見え、そのはるか向うに、白雪をいただいた斜里岳や知床の山波が、淡い光を放っていた。

舟が湖心に出ると、水はますます開け、静止した湖面に、ただ日光だけが溢れていた。突然の闖入者《ちんにゅうしゃ》に、羽音高く無数の水鳥の大集団が空に舞い上り、旋回してはまた湖面に降りる。ここは彼らの天国である。

僕たちは、息を殺して見る白鳥の大群を期待してこの湖にやってきたのだが、はるか遠方の水面に、百羽ぐらいの集団が見えただけで、大いに失望した。ここに来る前、多少は白鳥に対する知識を得てきたのだ、これはどうしたことなのか。それは暖冬異変がもたらせた不幸だった。いつもなら、もう湖面に白鳥の大集団が見られる時期なはずだったが、予想は全くはずれてしまった。たぶん、まだシベリヤが暖かくて、エサを拾えるからだろう。

僕たちは、遠い白鳥の小さな集団を、望遠鏡で見るぐらいで我慢をして、海と湖の境の砂丘、ベンザイ泊《トマリ》に舟をつけた。

標高ゼロ米のこの砂丘には、二軒の廃屋と丘に上げられた破舟があった。生活に窮して、土地を捨て、家を捨去った無人の廃屋ほど淋しいものもないが、それが海辺や湖岸であった場合、周囲がやたらに明るく、単調であるせいか、もっと胸に迫る淋しさを覚えた。丘には貧弱なハマナシの群生と、枯れたハマニンニクの穂がちらほらしていた。砂丘に身を投げ、放心したように四囲に目をやり、日光を浴び、この別世界の空気に心をなじませるのに困難を感じた。

湖は至って浅いので、湖面に立てられた棒杭があちこちに見え、たまに小さな舟が往来する。もうアキアジの漁も終りだからである。

水ぎわの砂地を掘ると、大きなアサリ貝がコロコロとでてきた。こうなると仲間はもう夢中である。捨てられた破舟の板を集めて火をたく。アサリ貝がその中に投げこまれる。こんなぜいたくな料理は、めったに口に入らない。持参したウイスキーには、絶好の相手だった。僕は焼いたアサリにウイスキー、というぜいたくな伴奏付きで、楽しいスケッチをした。

どちらを向いても、水と空ばかりで、何とも手のつけようもない風景だったが、描かないではいられなかった。

僕はここの、氷と雪の世界を想像してみた。それはさぞかし大きな魅力ある風景だろうと思う。僕はそれを実現しようと、心にきめた。

天国で無心に遊んだ僕たちは、夕方の冷気が肌に感ずる頃、再び舟に乗って帰った。白鳥はついに夢のかなたに飛去ったが、僕たちには何の不満もなかった。空と水だけの隔絶した世界に遊び、呼吸しただけで充ち足りたからだった。

白鳥の風蓮湖

一度白鳥を見そこなった僕は、今度は少し慎重にかまえた。ただ多忙なので、思うような時に出られないので焦燥を感じた。そのうちに気圧の配置が冬型になり、寒波がきた。これでは当然水は凍ったろ

結氷の風蓮湖

うと思った。しかしそのうちに、今度は異状な暖気がきた。あわててとび出したのは十二月十日だった。

以前にも泊めてもらった、開拓者のO爺さんの家に着いた時には、寒空に星が輝いていた。O爺さんの家は、別当賀川から一段と高みにあって、川と湿原を見渡せる位置にあった。O爺さんは健在で、ひどく曲った腰つきなのに、まだ毎日犬をつれて、リスを打ちにあるく元気さでうれしかった。

東の空がピンクに色づく頃、画板を持って出かけた。暖かいといっても、霜柱がたち、一面の霜である。僕は別当賀川岸のアシばかりの湿原を、川に沿うて風蓮湖に向ってあるいた。湿原は凍ってぬからなくなっていたので、短いゴム長でも結構だった。湿原がつきるとヤチハンの樹林である。その中にはいって耳をすますと、耳が遠い僕にもコーンとも

風蓮湖春国岱と白鳥群

キーンともつかぬ、木管楽器のような白鳥の声が聞えて、僕の胸は一瞬ときめいた。

　少しゆくと水のある湿地は消えて、足元のしっかりした少しばかりの高みに出た。ここにはヤチハンの他に、岳樺の疎林があって実に気持がよい所だ。夏は馬の放牧場になるとみえ、無数の馬の足跡が残っていた。樹間に湖面がちらちらする。なるべく大木の陰になるように、そろそろとあるく僕の胸は高鳴った。

　やがて水ぎわ近くで頭を上げた。僕の目にはまさしく白鳥の大群が

映った。秋の湖面より更に色を深めた青藍の湖面に、純白目をあざむく何千羽という大群が、ちょうど流氷を遠くから見るような有様で浮んでいた。以前に白鳥のいない湖を見た僕の目には、白鳥が浮んだ今日の湖の風景は、全く別物のように映った。美しいという言葉では、とうてい表現できる境地じゃない。山を見て感激しても、これほど忘我の時間をもった記憶はないようだ。

湖面全体に、遠い流氷のような線になり、集団になり、あるいは白い点線となり、点となり、無心に遊ぶ彼女らの姿を、僕は木の蔭から息を殺してみつめていた。早くも人の気配を察知してか、至近距離にいる白い集団が、静かに遠のいてゆく。腹にひびく鳴声が絶えず凍った大気をふるわせる。やがて水平線上のちぎれ雲が、朝の光を浴びてピンクに輝くと同時に、湖面にも光が流れた。その瞬間白く湖面に浮ぶ白鳥の集団が、美しいピンクに染まった。白鳥の朝焼けである。冬の山の朝焼は誰でも期待して眺めるのだが、彼女らがピンクに染まる朝焼けは、文字通り望外のよろこびだった。

しばしの夢からさめた僕は、今度は描く衝動にかられ、スケッチブックをとり出したが、どうも全く始末におえない対象である。描いては見たが――この白いのが白鳥だよ――と説明をつけたところで、相手は――うんなるほど――という返事ぐらいで終る絵ばかりできて、あとから見るとがっかりするばかりだが、描く時は夢中である。寒さで痛む手を、時々ふところに入れて暖めながら、なんとかして、この見事な有様を、紙の上にうつしとろうとあせった。

仕事を終った僕は、水辺に出てみた。湖岸には、彼女らに引抜かれたアマモが、土が見えないぐらい打上げられて堆積していた。それは上等のクッションみたいで、その乾いた所をみつけて、僕は身を横たえた。朝めしも食わずにとび出して、空腹のせいもあったろうが、長い時間の緊張に疲労を感じた。もう彼女たちに逃げられても思い残すことはないので、忘れていた煙草を吸った。寝ころんで仰ぐ碧空には、目をあざむく白鳥の編隊が、美しい鳴声とともに飛去る。山に登り、山を眺めて、これほどのショックを感じたことがあったろうかと、僕は考えてみた。

体が濡れてつめたくなった。凍ったアマモがとけてきたのだ。僕ははるかに遠のいていった白鳥群を立止っては眺めながら、樹林の中へ足を向けた。時々足を止めて耳をすますと、まだ鳴声だけが聞えていた。

翌日僕はバスで東梅《トウバイ》にいった。温根沼《オンネトウ》が近くにあるが、ここには白鳥は浮んでなかった。以前にこの附近をあるいた思い出をたどって、一度あるいてみたかったし、今日は少し風があるので、ひょっとすると、風を嫌う白鳥群が、春国岱《シュンクンタイ》の蔭になる水面にいるかもしれない、というO爺さんの第六感的助言があったので、出かけたわけである。

東梅で下車した僕は、同じ道を逆にあるいた。風蓮の水が海に注ぐ出口附近には、カモメの群が遊んでいた。僕はなんとか湖面が見えるいい地点がないかと、トド松の森林の中を、あちこちあるきまわったが、うまくなかった。

あきらめた僕は、道路が湖に接近して、その向うが高みに登る坂がある地点にきた時に、再び白鳥の大群を見た。僕は丘の上まで走っていった。見下ろす水面に、無数の白鳥群が浮んでいた。ここは高いので、まことに都合がよろしいし、水の向うには、春国岱の黒々とした針葉樹林があるので、描くにも好都合だった。

禁猟になってから、もうだいぶんたつので、今では彼女たちも安心してか、予想以上近寄ることができたのは、うれしいことだ。僕はこの丘の上から、自由に動く彼女たちの群を、長い時間、呑気な気持で眺めた。

彼女たちは水に浮んで体を休める。首をうしろへひねって、羽の中に頭を入れ、丸くなって浮んでいる。グループの歩哨とおぼしきものだけが、首をあげている。少しうす黒いのがいるがこれは仔である。一人前になると白くなるそうだ。

ここでは青く澄んだ湖面を、低く飛び交う白鳥群を、あきるほど眺めた。O爺さんの予言は当った。

僕には白鳥のいない風蓮湖は、やはり風蓮湖でないように思えた。美しい夢をたくさん見た僕は、上機嫌で日が傾むく頃帰った。

O爺さんはストーブの側で、今日獲ってきたというリスの皮を剝いで、板に張付けていた。

「今日はどうだったですか」

「あの丘でたんまり見てきたよ」

「やっぱりいたべ。そりゃよかったね」

「爺さんも大漁だったね」

「今日は四匹獲った。あの犬のおかげでな。あいつはね、リスぼいの神様なんだ」

そのあとしばらくは、僕の頭から、白鳥の湖と、あの腹にひびく鳴声がこびりついて離れなかった。それはまた、現実から離れた見果てぬ夢でもあった。

氷上の白鳥

宿の玄関の寒暖計が、マイナス十七度を示していたから、外はもっと低温だったろう。

寒中朝六時のバスに乗る者は、僕一人だった。ガラスが凍って何も見えない。僕のリュックには、べん当がわりのウグイス餅と、ウイスキーが一本あるだけだ。

根室標津《ネムロシベツ》からバスに乗った僕は、浜春別で降りた。途中、尾岱沼《オダイトウ》で車が止っただけだから早かった。

風はなかったが、空は曇っていた。こんな日の朝は、なかなか暖かくならないのが普通だ。春別川の河口は大きな溜りになっていて、向う側の陸地は、長い砂丘になっていた。川はむろん結氷している。巾は二百米ぐらい。僕はその氷を渡って、対岸の砂丘に出た。すぐ下のシオキリには、昨夜できた氷が張って浮んでいた。シオキリというのは流れの関係で、氷が張らず、水面がでているところをいうのだが、流れの早いところは、凍りにくいのは当然である。その他水温の関係もあるだろう。

白鳥というのは、他の水鳥のように、水中にもぐって魚を食うということはしない。首が届く範囲の、水中に生えるアマモという水草の根が主食なのである。浜春別の漁師に聞いたが、小さい貝類ならば、丸のみにするといっていた。だから白鳥が集まる水岸には、彼女たちに引抜かれたアマモが、一面に打寄せられている。

僕は寒風が肌をさす、砂丘に打揚げられた氷の上に立って、氷原を眺めた。陸地は無風でも、海辺に出ると、鼻がちぎれそうな寒風が流れていた。

よく見ると五、六百米離れた氷上に、時々動めく、白く見える集団があった。白鳥の群である。陸上は暖かいには違いないが、外敵を恐れて、陸から離れた氷上で、夜を明かしているのだ。よく見ると、そういう集団があちこちに見える、太陽がのぼり、気温が上昇して、シオキリの氷が解けたり、流れたりして、水面が出てこないうちは、エサを食う行動に出ない形勢なので、僕は氷の上に犬の皮を敷いて坐った。三十分もたつと、体が硬直してくる。僕は持参のウイスキーを飲みはじめた。胃袋だけはほとって〈る〉が、とても体が暖まるどころぢゃない。動いて歩きたいが、彼女たちに逃げられるから、ぢっと我慢するより仕方がない。冬の登山だって、こんな寒い目に会ったことがない。しかしうまいことには、九時も過ぎる頃、雲が動きはじめて時折日光が流れる。周囲の氷が、一度に輝いて明るくなる。羽に首を入れて丸まっていた彼女たちが、首を上げてそろそろ活動をはじめる。のそのそとゆっくりあるくもの、羽をひろげて羽ばたくもの、空を飛ぶもの、鳴声も次第にやかましくなって、彼女たちの朝がやってきた。こうなるとウイスキーなど飲んでいられないし、寒くもない。

シオキリが次第にあいてきた。空を旋回する一群が着水すると、次々と寄ってくる。氷上は平板でないから、白い白鳥との区別はよくわからないが、彼女たちが動きはじめると、驚くほどの数だった。白鳥にまじって、足のべらぼうに長い妙なのがいる。どうもアオサギらしく見えた。長い首を同じ方向に立てて、行列を作ってあるく様は、実に愛嬌たっぷりで可愛らしい。見事なのは、彼女たちの離陸である。氷上を羽ばたきながら、大股で走る。体重があるから離陸するまでは、かなりの距離を走る。だが水上から飛立つ瞬間の美しさは、なんといってもいちばん見事だった。水しぶきを揚げて水面を走る瞬間の美しさは、息がつまるほどだった。

空は完全に晴れて、シオキリが急速にあいてゆくと、どこからこうも集ってくるのかと思うほどの白鳥が、シオキリをうづめてゆく。

僕の体は寒さで動かないようになったが、静かにひざの上に、スケッチブックを開らいて、仕事の準備をはじめる。僕の目玉だけが動く。安心した彼女たちは、百米——五十米——と寄ってきて、最後には三十米ぐらいまで近寄ってきた。そこで僕は、彼女たちの、エサを食う面白い姿を見て苦笑した。水中に首をのばし、水底のアマモを食う時には、丸い三角の尻だけが水面に見える。こんな彼女たちの尻が、水面に無数に浮ぶ。お上品な彼女たちにしては、これはあまりスマートなスタイルぢゃない。

寒風にさらされ、氷上三時間の苦労は、むくいられてあまるぐらいだった。僕は彼女たちを驚ろかすにしのびなかったが、立上った。水上と氷上の大集団が、一ぺんに空に舞い上った時の壮観に、僕は茫然とした。

　寒いので砂丘をあるくと、昨夜食われたと思われる白鳥の死骸が、雪の上にあった。首と体が離れていた。僕はその顔と足を、スケッチした。犯人はどうも狐らしく思われたのは、雪上に足跡があったからだ。

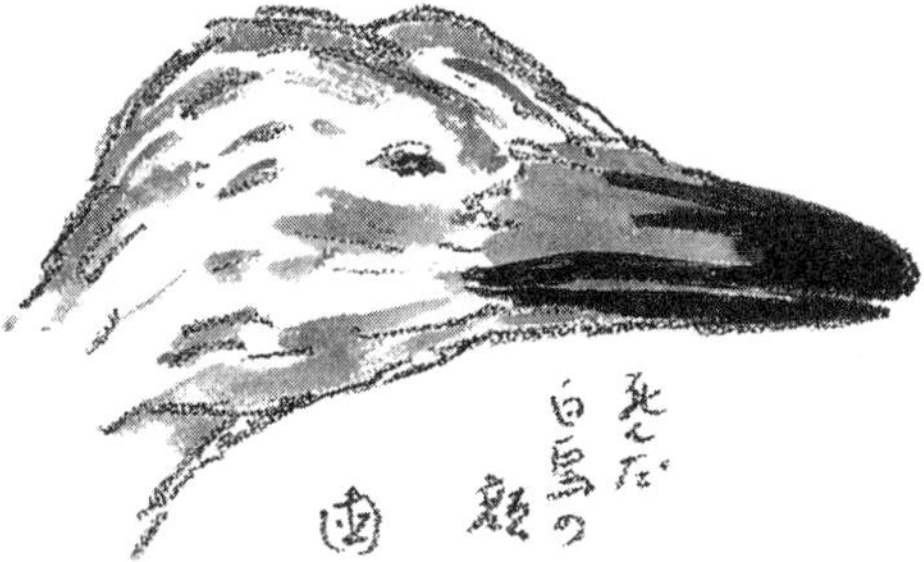

　僕は帰ろうと思って、ふと氷上に目をやると、一人の男が一本の長い棒を持って、走るように氷上をあるいている。見ていると白鳥の集団に向ってゆくようだ。まさかあの棒で白鳥をたたいて獲るわけでもあるまいし、そんなこともできまいが、不思議に思って見ていた。男が白鳥の集団に近づくと、一せいに飛びたった。よく見ると飛べないのがいるし、動かないのがいる。男はそれを

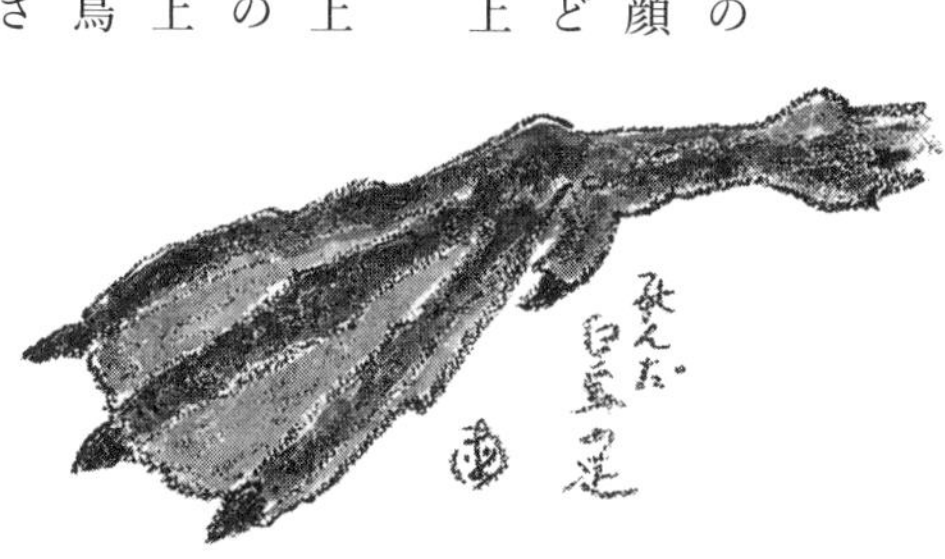

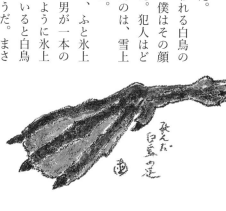

拾っているのだ。男は両手に三羽づつ、白鳥の首を握り、氷上を引きづってもどってきた。

「どうしたんだい、それは」

「栄養失調で死んだやつさ。毎晩こうやって死ぬんだよ」

「可愛想にな、なんだやせてガラガラぢゃないか。これではな。夕べ寒かったからな」

それから僕は、棒を持って走るようにあるく理由をたずねた。棒は氷が破れて落ちた時の用意で、早くあるくのは、氷が破れないためで、のろのろあるいたら危いからだということだった。

「あんたなら、ちょっとあるいてもすぐ落ちるさ」

ここは氷が薄いからだ。せいぜい六センチぐらいだから、なるほどと感心した。

氷の薄いところは、歩いていても沈むそうだから、早くあるく理由がわかった。自然というものに対しては、そこに根拠をおいている人間には太刀打ちできないことがわかった。彼らは、海の深さを充分知っているからだ。どこは落ちたら助からない、ということまで知らなければ、薄氷をあるくことはできない。僕は昨日、野

湿原と別当賀川

付湾の蒼氷の上を、一里半あるいて、恐ろしくなってもどってきたことが思い出されて、素通りの旅人にできる業ではないと思った。

ところで白鳥というあの大型の鳥の生活方法としては、どう考えても下手なやり方にしか思えない。冬になった時の生活圏の狭さは、彼女たちの生命の脅威以外にないからだ。栄養失調になると下痢を起し、一晩氷の上に寝ていると、尻が氷に凍結して、飛べないのがあるということだ。僕は清純無垢な、彼女たちのあわれな末路を見て、暗い気持がした。厚床には白鳥の病院があるそうだが、そこで助かる白鳥の数は、いったい何程あるだろうか。

僕はその翌日も、この美しい彼女たちの姿に大きな未練があったので、またウイスキーを持って、氷の上に坐って眺めてきたが、この日は前日より風があって、ひどい苦労をしたが、満足して帰った。

僕は寒気というものがもたらす、自然の変化にいつも大きな興味を感ずるのだが、そこに動物がはいってきた時の、すばらしい風景に、いつも心を奪われる。

僕は二十年ぐらい前、僕のいた原野の川に、白鳥の大群が降りて、しばらく遊んでいたことがあった。その時硬雪の畑に、白鳥の大群が遊んでいたのを見たことがあった。馬橇でそのわきを通った時、一度に飛上った時の有様が、今でも目に映るような気がする。

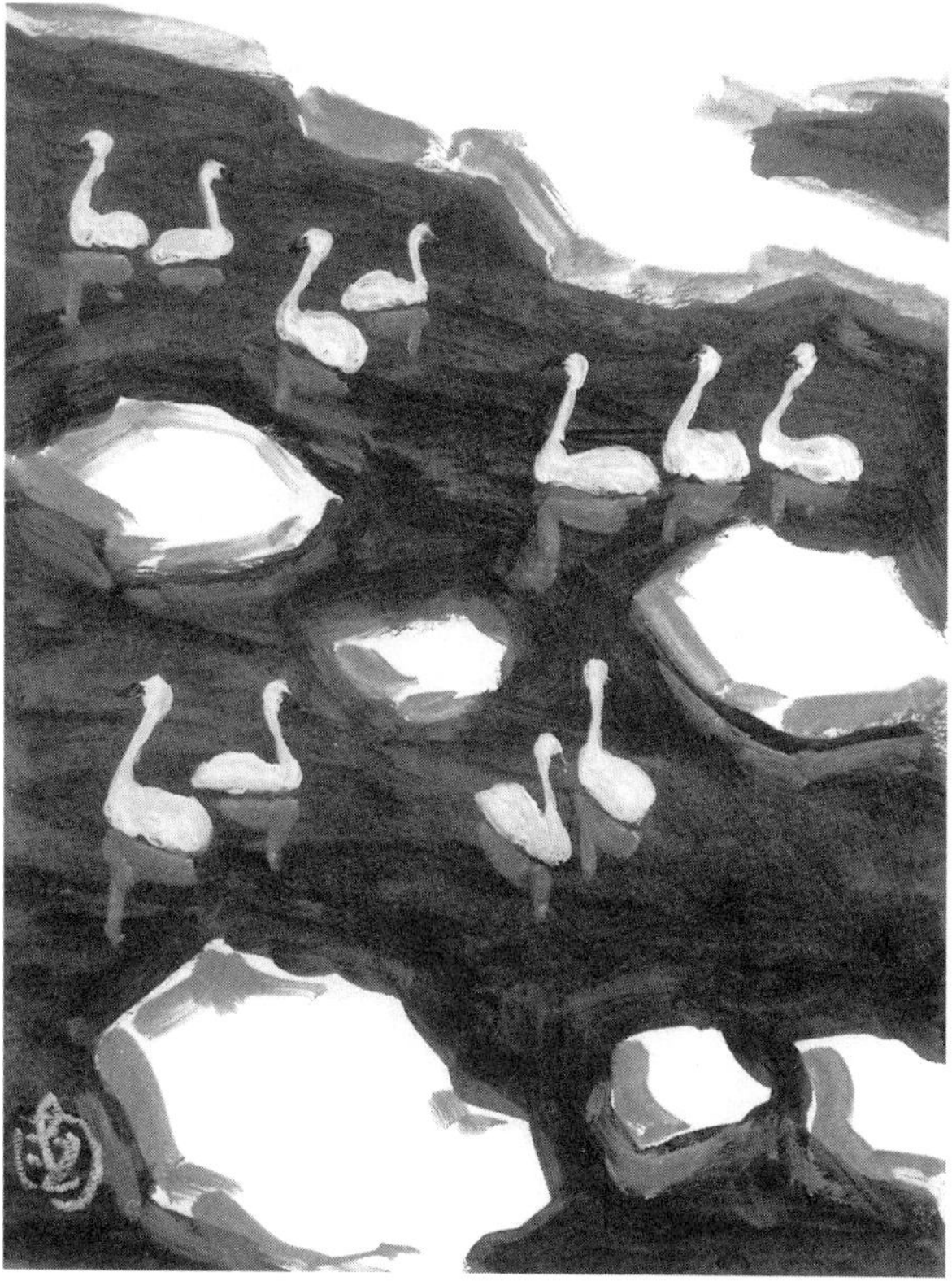

流氷と白鳥

早春の天狗岳を眺めて

　昨年の四月、札幌へ出る時に、昭和のはじめから御無沙汰していた、札幌周辺の山を歩いてみたいと思ってスキーをかついでいった。その甲斐あって、大勢の仲間と、春のスキーを楽しんだり、美しい天狗の姿も見られてたのしかった。

　天狗という山の名ぐらい、全国にわたってあるものはないだろう。これは円山という山名に次いで、ホーキで掃くほどある。ここでいう天狗は定山渓の奥にある天狗だ。銭函のうしろにも天狗がある。ややこしいから、仲間は前者を定天、後者を銭天と、いつの間にか呼ぶようになった。十勝三股の奥の天狗は、三股天狗とも呼ぶが、これは北海道一の大天狗である。とにかく定天、銭天なんていう呼名は、何となく天ぷら屋の屋号みたいにひびいて、楽しくてよろしい。

　僕が中学時代に歩いた時の豊羽鉱山は、荒れすさんだ廃鉱で、赤く銹《さ》びた鉄材が散乱し、ガランとした廃屋が無気味で、足早に通り過ぎたことを記憶している。札幌からここまでバスが通っているのも驚きだが、バスから降りた豊羽鉱山は、もっと驚いた発展ぶりだった。豪勢なアパートが立並らび、物凄い発展ぶりだった。これも高度成長の日本経済のおかげとあらば目出度い。街のはずれから一面の雪だ。冬なら山の上から、バス停留所まで一気に滑べりこめるという地形である。やたらにシュプールがついた硬雪の斜面を少し登ると、天狗の全貌が眼前にあった。高度千米少しの山でも、札幌周辺では、その山容からいって、この天狗に及ぶものはないだろう。熊が多いことでも有名であるが、これは草付きの斜面が多いせいだろう。そこには彼らの好む食料が多いに違いないから。

札幌周辺に限らず、道内どこを歩いても、昔のような美林はもう見られないが、ここには少し針葉樹が残っていてうれしかった。名残りのスキーを楽しもうとする人たちが、大勢登ってゆく。僕はびっくりしたが、冬ならば行列だぞ、と聞かされてなおびっくりした。

四月の天狗岳（豊羽コースより）

それから少し登ると、久々で見る余市岳や白井岳が、まだ純白の姿を見せはじめた。長尾山の頂に立つと、羊蹄山やニセコなども見えた。どちらを向いても学生時代に、日曜日ごとにあるきまわった山ばかりで、僕の胸はなつかしさでいっぱいだったし、久々で親しい山仲間と、スキーでこの早春の山を楽しめたことに、大きなよろこびを感じた。

長生きはするものだ。こんな幸福があるんだから、としみじみ思ったが、これも年のせいだと思った。

僕はこの日、昔もよくスケッチした天狗岳の姿や、余市、白井の曲線的な姿を、ゆっくりと描いて歩いた。

数多い僕のスケッチブックの中でも、この日のものは、特別なつかしさを覚えるのは、若い頃のいろいろな思い出とつながるからだ。

いわぶくろ

はいまつ

北海道の山では、標高千米前後ではいまつがあらわれる。

山頂に立って眺めたはいまつの海は、色も生々とした濃緑でまことに見事で気持がよい。しかし道のない山を登って一度でもはいまつの中を歩いたことがある登山者ならば、あれだけは真平御免だというだろう。まことに始末の悪いバリケードだからだ。

内地の山を歩るいて感じたことは、内地のはいまつというのは丈も小さく、北海道のように見渡す限りの、はいまつの海なんていうのも、僕の目にふれなかった。はいまつに限らず、ブッシュというのは、北へくるほど猛烈になるようだ。足の方はあまり動かせないから、腕の方が先に疲れるブッシュ漕ぎは、体力訓練には第一級の場所であろう。
　五、六年前、僕の東京個展の時、武田久吉氏に会ったら、「おい直行君、君は山ではいまつの実を見たことあるか」と聞かれたので「飽るほど見ている」といったら「それが何月の何日頃、実が熟するのか、場所と日付を教えろ」ということだったが、僕は商売が違うからそこまでは知らない。そして僕は「商売人の先生が知らないものを僕が知っているわけがない」といったら「内地の山にだってはいま

つの実はなる。しかしカラスがきてそれをみんな落してしまうから、調らべようがないのだ」ということだったが、北海道だってあれを食べるシマリスや鳥だってたくさんいる筈だがと思った。

ところで、美しいのは、まだいわゆるまつかさにならない前の、赤味がかった紫色をしている未成熟の実である。これにはいつも心をひかれるが、一層捨難いのは、初夏に咲く雄花の葯《やく》の色である。これは渋い赤色で、葉の色との調和がなんともいえない美しさだ。この頃では、学生時代のように、無茶苦茶に山を歩くわけにも参らぬので、はいまつの花の時期にぶつかる幸運はめったにない。

すみれ

日本はすみれの多産国であるそうだが、一般にすみれに対してあまり関心を示してないのは、いったいどうしたことであろうか。

園芸種のパンジー（三色すみれ）は、最近非常に普及されてきたけれども、可憐優雅で、人知れず草間に咲くすみれに、あの鈴蘭に示すような熱愛の情を感じていいはずである。

北海道では、五～六月がすみれのさかり。すこし郊外に出れば、路傍に、樹林の下に、五種や六種

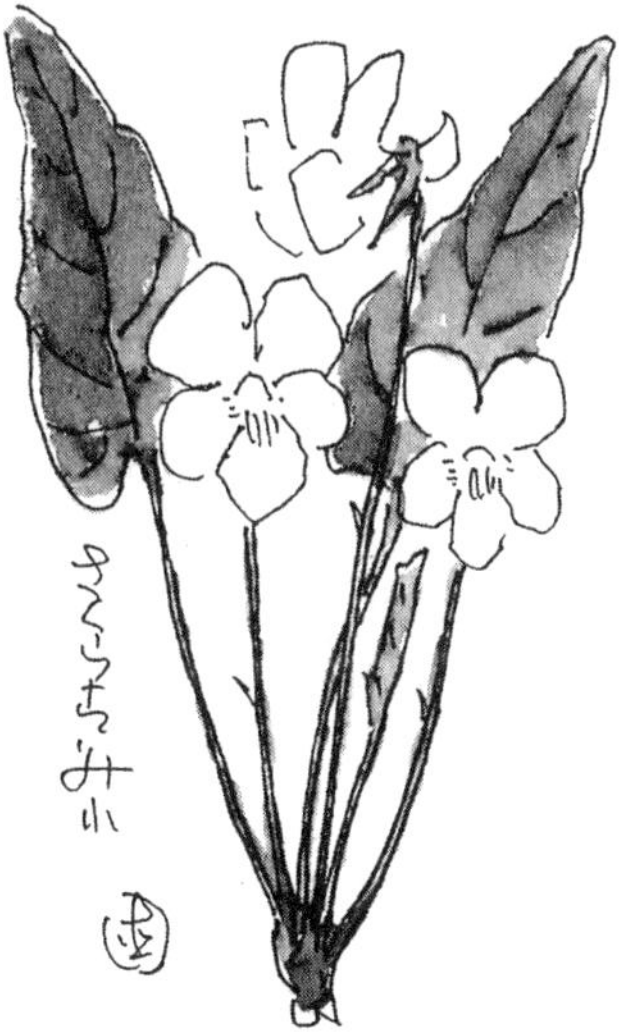

のすみれは、すぐにでもみつかるだろう。

　花色は大別すると白と紫であるが、紫と淡紫、濃紫、淡紫紅などがあり、その他唇弁《しんべん》に紫条のあるものなどがある。更に高山へゆくと黄色のものが見られよう。

　すみれという名称は、じつに風韻愛すべきひびきをもつが、花形が大工の墨壺に似たところから、墨入れがすみれになった由来を聞けば、いささかがっかりするが、なんでも種明しをすれば、こんなものだろう。

　道内では、淡紫色で、草丈に比して大きな花を無数につけて、こんもりと咲く「みやますみれ」がなんといってもいちばん美しい。栽培すると株も張り、いっそうみごとに咲く。いちばん大きな花をつけるのは「すみれさいしん」、「さくらすみれ」などで、数少い葉を圧倒するような、淡紫紅色の美花をつける。いちばん小さ

い花をつけるのは「つぼすみれ」で、これは白花で花弁が反転しているのが特徴。幼少の頃、この花の首をひっかけ合ってひっぱり、首が切れた方が負けという遊びをやったことが思い出され、私にはなつかしい花である。その呼名も「すもうとりばな」だった。

すみれの野生種には、香気のあるものはほとんどないのは、いかにも残念である。香水の原料になる「スイートバイオレット」は、ヨーロッパ原産である。これは人も知る高貴な芳香をもつ。

（「紅」二十四号掲載「私の草木漫筆」）

流氷とチャチャヌプリ遠望

流氷と氷原を訪ねて

ノサップ岬の流氷

僕は釧路生れだから、幼少の時から流氷の記憶はある。近くの河岸に押寄せる流氷を見にいったこともあった。波浪に翻弄された氷塊が、ぶきみな音を立ててかみ合うのを、面白くて見た覚えもある。

僕のいた原野の丘からは、太平洋に白い帯のように、遠い河面に浮ぶ流氷が、春近くなるといつも眺められた。

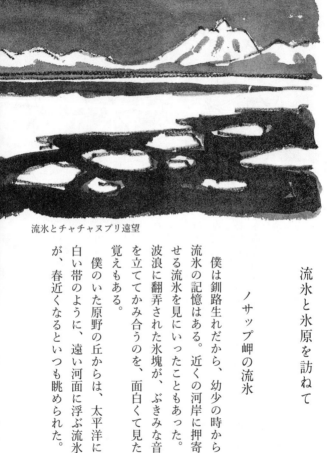

北見沿岸の流氷初日は、だいたい一月の中旬頃である。流氷初日というのは、陸地から、流氷が初めて視界の中にはいってきた日をいう。今年は暖冬異変で、気候が異状なので、北見地方の流氷初日は、平均より十日おそいとのことだ。そんなことを新聞で見た僕は、二月もなかば、朔北《さくほく》の街、根室へ向った。

夜おそく着いた根室の街は、流氷の接岸で、特別冷えこむように感じた。

僕はノサップ岬にいってみようと思って、宿を出た。根室港は見渡す限りの氷原で、河面は全く見えない。海面が見えない流氷というのは、むろん美しいには違いないが、強烈な印象にとぼしい。

ノサップ岬で、バスを降りた僕たちの目に飛びこんできたものは、目をあざむく白さの流氷群と、青黒い海との強烈なコントラストだった。夏のノサップ岬は、僕の目にはつまらなく映ったが、流氷が押寄せたノサップ岬は、全く別世界だった。

そこには暗さはない。目がくらむようなけんらんたる明るさのなかに、壮烈な寒さという自然の圧力が、あくまで透明無垢な風景のなかに、寸分の妥協も許さない迫力となってひしひしと心に迫る。

流氷は波を押さえる。見渡す限りの氷が、波を押さえて、ガンとして動かない絶大なエネルギーを、僕はその静寂な風景のなかに感じた。一瞬にして去り、一瞬にして押寄せてくる、この北の海の季節の使者は、なんと人間の目と心を驚かすことだろうか。

遠く氷上に浮ぶ国後島のラウス岳と泊《トマリ》山が、氷のかけ橋を渡して、人をまねくようだ。昔流氷を渡って国後まであるいていった話もあるが、氷のかけ橋を見ると、ほんとうの話に思える。

流氷帯は、ハボマイ群島にさえぎられてか、それより以南の海は、全く氷から解放されている。氷原から吹上げてくる寒風が、ひどく肌をさす。スケッチはあまり

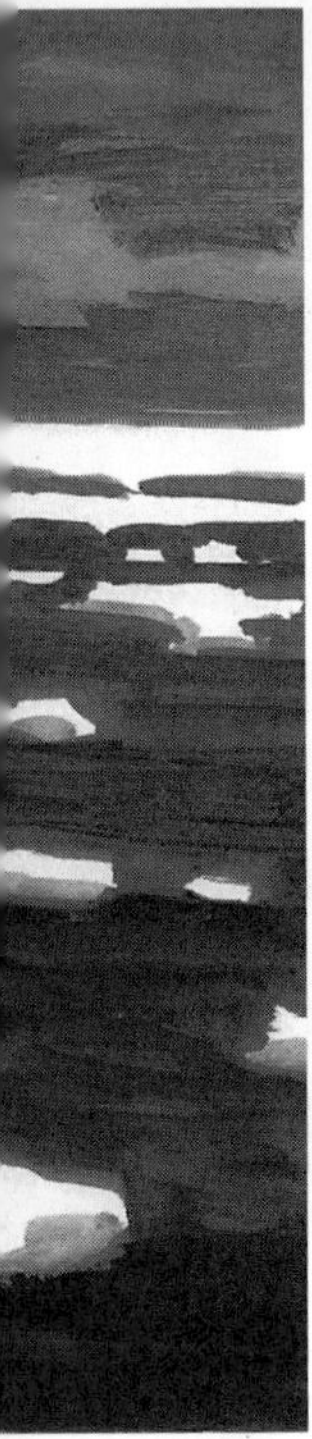

納沙布岬の流氷

楽ぢゃないが、氷と水だけの世界というのは、寒さを忘れさすほどの魅力があった。紙やカンバスの上に、寒さを現わすには、どうしたらよいだろうか。僕はそれだけが気になった。

シオキリの寒々とした色、そこに漂う氷の破片、水面下に見えるコバルトグリーンに見える氷の色の清澄さは、古語でいえば襟を正して見る、という言葉の気持が、よくそれを表現している。

年に一回は、北辺の海辺に忽然として現われる、この冷酷で壮麗な極地的風景を、見るだけの時間がほしいと思った。それにもうひとつ、あの巨大な河の動揺を、ピタリと押えている流氷帯が、波動

結氷の野付湾より海別岳と遠音別岳

に負けて微塵に打ちくだかれ、一挙に動き出し、たちまち非情で強暴な季節の使者となって、南方の海へ消え去る季節的運命の瞬間を、僕はどうしても見届けたい気持にかられた。

野付湾の氷原

根室標津《ネムロシベツ》の朝の海は、波もなくオホーツク海特有の重苦しいインヂゴーに沈み、目をあざむく流氷の破片と、細い流氷帯がちらばって浮び、遠く国後島の泊山が鈍い白光を放っていた。

尾岱沼《オダイトウ》でバスを降りた僕は、ギョッとした。野付湾の氷原の上には雪は全くなく、青黒いぶきみな色に沈んだ、テカテカの蒼氷だったからだ。そして人影は全くなく、空と氷のこの世界は、ただ降りそそぐ日光を浴びて、ぶきみな光を放ち、引きいれられるような静寂が、僕をとまどいさせた。

僕は岸辺に立って、しばらく、この奇妙な氷原を茫然と眺めていた。五、六年前にもこの氷原を訪れたことがあった。その時には氷の上に少量の雪があって、氷上にはコマイを獲る人が、ちょうどゴマを撒いたように動めいていた。今度も時期は大して変りがないのだが。

僕は通る人に聞いてみた。

「今年はね、コメエ（コマイ）さっぱし漁《りょう》ねえんだ。不景気で困るで」

といい捨てていった。今年の奇妙な冬の天候は、東北海道に、わずかな降雪を置いていっただけで、毎日きみが悪いほど快晴が続いた。そのために氷原に雪がないのは、当然のことではあるのだが、僕には全く予想しなかった風景だった。こんなことあるもんでない――とこの人もいっているように、僕は幸運にも、蒼氷の氷原にぶつかったわけだ。

僕は今度こそ、ここからまっすぐに新所島《ニイシヨ》に上がり、更にあるいて、はるかな氷上に線に見える野付半島にゆき、何回となく訪れた、僕の好きなこの半島と氷の世界を、見たり描いたりしたいと思ってやってきたわけであった。テカテカの氷原八キロの歩みは、僕をぞくぞくさせるほどの魅力だった。

野付半島の黒い線は、朝日を照返えす強烈な氷の反射の上に、一層はるかに見えていた。僕は氷原をあるきはじめた。二、三の大きなシオキリが、青黒い水面を見せている。岸辺近くで、子供がスケートを楽しんでいた。僕の後から、自転車に乗った子供が追抜いていった。見る間にスリップして横倒しになった。あわてて乗るとまたひっくり返える。僕はおかしいから笑ったら、子供も僕の顔を見て笑った。塩分がない氷なら、全く自転車など空転して踏めたものじゃないが、海水の氷はしぶるので自転車が使える。以前にきた時には積雪があったから、氷上をオートバイでつっ走る人がいて、気持よさそうだった。こんなわけで、ゴム靴であるいても、滑りが悪るいから案外楽にあるけるのは有難い。

所々にコマイ漁の網を入れるために、鋸で四角くとった氷が、氷上に散らばっていた。氷の色は一様でなく、黒ずんだり、透明だったり、青味を帯びたり、また白くなったりで、少々気持がわるい。氷原の北の空遠く、斜里岳や知床半島の山々が、魅力ある輝きを見せていた。氷上には所々に大きな、といっても巾は狭いが長さは何百米もある亀裂が走っている。これは氷の膨張力によるもので、陸が近い所では、一米も氷が立上っている所もあった。亀裂の海水は、霜柱と同じ現象で吸揚げられて凍結する。二〇～三〇センチもの海水の霜柱が、亀裂に沿って花が咲いたように、延々と氷上をうねる奇妙で華麗な現象に、僕は幾度となく足を止めた。

新所島には、前にもきた時あった破船がひとつ、砂上にあった。ここは野付湾の中にあるゼロ米の砂丘の島で、ハマニンニクの穂の明るい黄色が、冷い氷ばかりの世界に少しばかり暖かみを添えていた。

氷上に茶褐色に見える部分が、この辺りあちこちに見えるが、何んだろうと近づいて見るとそれは白鳥の糞だった。それが時には、一町歩もあろうかと思われるほどの広さが、糞で汚れているのを見て驚ろいた。

結氷の野付湾と国後島遠望

新所島の東端に、大きな氷の山があった。僕はそこでしばらく休んだ。太陽の下の氷原は、逆光線に輝き、サングラスなしでは見れないほど輝いていた。氷に包まれた静寂の世界は、僕の心を奇妙に威圧して、強烈な孤独感が胸に迫る。目標の野付半島の樹林帯が、ここからは一時間足らずの距離に見える。氷の山の上に坐して、遠い知床の山波や、無限にひろがる氷原を、眺めながら、べん当がわりに食べたサクラ餅は、ことの外うまかった。スケッチブックをひらき、氷原を描くには描いたが、全く手も足も出ない風景とはこのことである。快晴の空と氷原だけなら、横に一本線を引いただけでもう終りだ。これは氷原である、と説明をつけない限り、見る人がわかってくれない絵ばかり描いたがまことに楽しかった。

おおかめのき

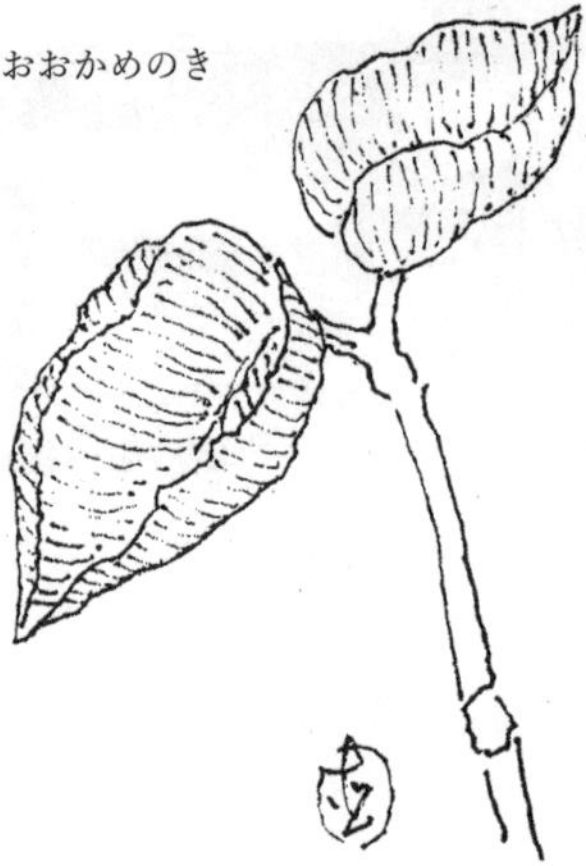

再び僕はあるきはじめた。氷がどうも薄くなってきた感じがする。氷の色の変化

も激しくなってきた。耐えきれないような不安が襲ってきた。氷に乗る前に聞いた漁師の言葉が、ますます不安をつのらせる。「島から先はね、最近まであいていたシオキリだから、気をつけてゆきなさい。近頃の寒さで凍たんだからね。まあたいてい大丈夫だろうけど」

透明な氷がでてくると、もうどうしようもない不安が襲ってくる。亀裂に海水が見える。ゆさぶると氷が動く。薄氷のシオキリが出てくる。それを廻道してゆくとまた同じような所が出てくる。僕は最後には不安になって、体は金しばりになり、足は全く動かなくなった。長い棒でも持ってあるけばよいと思ったが、それは後の祭りである。肌にアワとはまさにこのことである。尻のあたりがむづかゆくなってきた。僕は野付半島の樹林帯を目の前に、引返さざるを得なかった。僕は無念残念どころか、はげしい恐怖感がそうさせただけだった。

さてもどろうとしたが、足は動かない。身の廻りは薄氷ばかりだ。これは恐怖に圧倒された僕の錯覚であった。こんな氷の上できた時の足跡を考えるほど、僕の頭は奇妙になっていた。ようやくさきほど休んだ氷の山のところへきた。安心感と疲労感が一度に体の緊張をゆるめた。僕は放心したようになって、氷の上に大の字になり、しばらく青空をみつめていた。僕は死刑を宣告された人間の気持を考えてみた。薄氷を踏む思い、という言葉の実感が、どんなものであるかをしみじみ思った。そして——俺は地獄の上をあるいてきたんだ——と真実にそんな気持がした。帰りの氷上で、四五人の漁師に会った。放置してある網をかたづけるんだ——と暗い表情だった。

僕は夕方宿につくと、珍らしく酒を二本飲んで、ぐっすりと寝た。坦々とした氷上をたった三里あるいて、こんなに疲れるとは、われながら苦笑ものだった。

利尻富士の遠望

北海道の地名としては、不似合な感じがする豊富の駅を降りた時は、小雪をまじえた横なぐりの寒風が、湿原の一隅に屯《たむ》ろした小さな市街を吹抜けていた。

僕はある年の春ここを通った時、そこに育つ植物の生態を見て、根釧原野と同じか、あるいはそれよりも悪いように思えた。北辺の原野特有の、水とススキやアシの枯草が、いつまでも新緑にならないで、ただやたらに広い空間と湿原のひろがりがあるだけだった。

僕は市街はずれの小丘に登ってみた。市街の西方には、海岸まで、荒涼とした枯草の湿原が広がっていた。サロベツ原野である。険悪な暗雲が低迷して、時々かたまって落ちる雪の灰色のベールが、風になびきながら視野を消しては去る、というような、初冬の重苦しい空模様の下で見る原野ほど、旅人の孤独感を深める風景はない。またそれは、旅愁というような生やさしい淡い感傷でもない。

長い間の開拓生活の経験をもつ僕には、このような原野で生活するということは、どんなものであるかを敏感に読みとることができる。

時折暗雲から放たれる雪の集団が、湿原の地平線をかくす時、そこにあるものはつかみどころのない灰色の空間だけではげしい虚無感が見る者の心をしめつける。雪の集団が地上に吸いこまれると、地平線のかなたに、ペンケ、パンケの沼が、鈍く銀色の板のように見える。湿原の中央を海に向って、一直線に横断するバス道路が、このはてに人あり、という指導標のように感じられる。湿原の草を刈り、家畜の飼料に、乾草として積まれたニオが、湿原の一隅に黒く点々としてみえるが、それだけがこの原野に通ずる、人間の血であり、事実それはまた、この湿原に対する人間の生活可能の限界を示している。

かつて原野の住人であった僕に、かほどに強い印象を与えた理由は、いったい何んであったろうか。それは、あるいは今日の重苦しい初冬の空模様のせいだったかもしれないが、他の原野と少し違った色彩が、僕にそうした気持を起させたのかもしれない。

僕のスケッチブックは、時々襲ってくる粉雪のために濡れたが、それでも数枚は

芦川から利尻富士

描いたろう。一本の地平線と、それを覆う暗雲の走り描きで終った数枚の絵は、完全に原野のふんいきに圧倒された、みじめな絵だった。

翌朝僕は七時のバスで、稚咲内《ワッカサキナイ》に向った。バスは、きのう丘の上から見た、この原野唯一の道路を走ってゆく。人家がないから停留所はめったにない。バスもガラ空きである。

僕は丘陵にぶつかった所でバスを降りた。むろんあてはない。ただ丘の上をあるいてみたかったからである。というのは、もしかしたらそのどこからか、利尻富士が見えはしまいか、という期待があったからだ。この丘のすそや谷間には、点々と牛舎があって、僕はほっとした気持だった。丘は特別に高い所もなく、そして意外に巾があった

稚咲内から利尻富士

ので、樹林の中に一本の道をみつけて、それをたどってあるいた。その道は予想通り、バス道路につれていってくれた。

樹林にかこまれた小さな沼を通り越すと、前方の空間がぐっと開けて明るい感じがした。これは海が近くなった時に、僕はいつもそれを感ずるのだが、果して人家が現われた。流れる風に潮の香りを感ずる。ここは稚咲内である。砂丘の蔭に少数の人家が、ちぢかんでいた。天気は次第に晴れあがっていたので、僕は期待に胸をふくらませて砂丘にあがってみた。

幸運にも、そこには雪をつけた端麗な利尻富士が、強風にわき立つ波の上に心にくいほどの美しさで浮んでいた。海と僕の間にひろがる、坦々とした、枯れた草原の色は暗い色調だった。そこには、僕が予想した以上に変ったふんいきの前景があった。砂丘から頭を出したとたん、猛烈な風がはげしく体温を奪い去る。果てしなく続くこの砂丘には、ナラと柏の樹林が密生してはいるが、それは風のために盆栽のようにこじれ、バリカンで刈ったような小枝が、風下に向ってひろげられていたが、人間が手を入れて、頭をつんだかのような姿に見える。僕は烈風の中に立って、この異様な風景にしばらく見とれた。

色調も姿も、風なしには考えられないほど、風というものが風景の中に浸透していることがしみじみしたほど、僕は特異なものを感じた。

僕は風にそなえて、いつも洗濯バサミを画板に入れてあるくのだが、ここではスケッチブックの紙が、千切られそうだった。風に向って山の姿を見る目は、涙でうるみ、長くは目もあいていられない。ここではおそらく、無風の日というのは、めったにないのではないだろうか。貧弱な草原が、それを示しているようだ。

白くわき立つ波上に、山脚までを雪で染めて浮ぶ、峻烈な利尻富士の姿は、一日中烈風の中に立っても、眺めたいほど美しかった。例によって、よほどの快晴でないととれないといわれる、仙法師《センボシ》側の雲が、今日も山の中腹にまつわりついていた。

僕は風に向って体を倒し、海岸へあるいた。こんな単調なところでは、変った構図というものを求めるのに、いつも苦労をするのだが、それはあるく以外にない。

砂丘のハマナシもひどくみじめで、ここでは風というものが、すべての生物の生活力を吹きとばしてしまうようだ。

僕は四キロほど北に向ってあるき、水がぴしゃぴしゃする湿原を横切って、こじれた樹林のある長大な砂丘を越した。そこにはまるで別天地のように風がなく、おだやかで春のような気持がした。地図を見るとわかるとおり、この地帯には細長い丘と細長い沼が交互にある奇妙な地形である。僕はその沼のひとつを見たいと思ったからだ。しかしここは、意外にも黒々とした針葉樹林が無限に続いていて、それは僕が想像していた風景とは、全く異質のものだった。針葉樹林を横断して、少しあるくと、沼に出た。巾は広い所で、せいぜい二百米ぐらい。長さは見透されないからよくわからないが、道で会った漁師の人の話では、五キロぐらいはあるといっていたが、この地帯にはこんな妙な形の沼がまだ他に散在している。

全く人間が訪れないこの沼は、水鳥の天国であるようだ。鴨が静かに浮んでいたが、ここに白鳥が浮んだら、どんなに美しいかと思った。

僕は逆光線の利尻富士を後に、風に追われながら海岸の丘陵を去った。

翌日、稚内行の車窓から、今日もまた快晴の利尻富士に、視線を釘付けにされながら、旅を続けていた。突然、停車したところに沼があった。かぶと沼である。沼の上に利尻富士がのっかっていた。僕はリュックをかついで、やにわに下車した。

きのうは海に浮んだ利尻富士だが、今日は沼の上の丘からのぞく利尻富士である。沼の周辺をあるいているうちに汽車の時間がきて、また汽車に乗った。

少しいったら、見渡すかぎりのアシの湿原があった。色は明るいジョンブリアン。僕はまた夢中で下車した。そこは芦川である。文字通り芦と川ばかりの所だった。黒いヤチハンの疎林が、アシ原の中に良い色調を作っていたが、今度は、そのアシ原の上に利尻富士がさん然と輝いていた。

また僕は汽車に乗った。今度は抜海で下車した。ここではまた風が吹抜けていた。海岸まで三キロぐらいの直線道路をあるく。突然前が開らけて、波上に浮ぶ利尻富士が現われる。距離からいうと、稚咲内よりもっと近くなるのでここからの利尻富士がいちばん至近距離にあるだけに、大きく見えた。だが僕の目には、稚咲内からの利尻富士が、いちばん美しく映った。

僕は砂丘の上をあるいたり、海辺の草原をあるいたが、何とか原生花園と書いた棒杭が一本目についた。棒杭一本で観光客を呼ぶのは、大変な無理だと思った。

稚内に着いた僕は、船を見て、このまま利尻に渡ってしまいたい衝動にかられた。その翌日、車窓から声問《コエトイ》の沼と湿原を見たら、その上に利尻富士がのぞいているような気持がした。

熊獲りの弥次馬になった話

池田首相のつくった不景気が、今年は山の中まで浸透したという評判で、夏も終る頃から道内各地の熊の被害は、新聞で報道される数だけでも大変なものである。特に根室地方では、熊獲りに自衛隊の協力を申入れしてる有様で牛馬めん羊の被害頭数は、全道ではそうとうの数になるだろう。むろん人間の被害もあった。

今時熊獲りに予算を計上する町村があるということは、珍談めいてはいるが、事実である。札幌市に例をとっても、市の区域の中に千米から千四百米の山が十二三峰もあり、そこには熊が無数に棲息していて、時々出没して人間をおびやかす、なんていうことは、世界的珍談の部類に入るだろうが、ほんとうの話であるから、他はおして知るべきだろう。

昨秋だったか、これも根室であったことだが、映画見物の帰途、オートバイに乗った人が熊に道を塞さがれて無惨な死をとげたし、標準の附近の国道では、ト

熊をかつぐ人たち

ラックと大熊が衝突して、百貫近い大物がのびてしまい、思わぬお手柄をたてた運転手の話が新聞に出ていた。これも同じ地方であったことだが、熊を百三十頭も獲った熊獲りの神様が、強暴な熊のために命を落した悲惨事があった。

僕のいた原野でも、鉄道線路と、日中ははげしく車が往来する国道を横断して、たいていの秋には家の近くをうろつき廻るのだが、こんなことは三十年前も現在もあまり変るところがない。ということは、熊の人口？ は少しも減っていないことを裏書きしているといえよう。

この八月芦別岳へ登った高校生数人が、キャンプを熊に襲われ、ちりぢりになって一晩中逃廻り、捜索隊が出動した事件があったが、幸い人間に事故がなくて笑話ですんだが、熊の方では登山隊の食糧強奪が目的だったらしい。近年大雪山上でも同様な事件がしばしば起きている。

ところで秋晴れの美しいこの十月の二日だったが、僕は豊似川の河原へ散歩にでも行こうと思って妻を誘った。国道をはさんで、僕の家の前に熊獲りをする人がいるが、そこに数人の人が集っていた。話を聞くと——熊の親子二頭を近くの山で獲ったから、これから運びにゆく——という話だった。いくら北海道でもこんなチャンスはそうそうないから、妻もいっしょに弥次馬になって、小型に乗って出かけた。五分も山道を走ると、悪路で車を捨てた。ここはオロフレベツという沢で、広い湿地があって、中央に小川が流れていた。車を捨てた僕たちは、一キロ近く歩いてから横のブッシュにはいった。ここは小さな沢である。こ

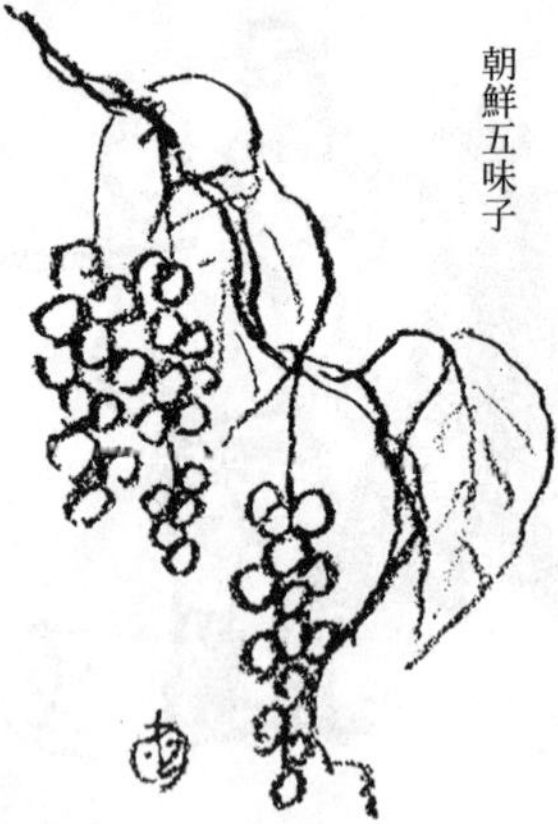

朝鮮五味子

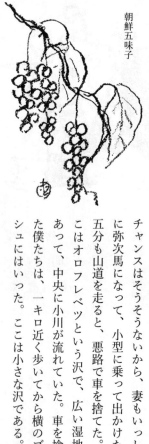

の沢を百米も登ると、熊笹の中に血まみれの親仔熊が倒れていた。僕は死体の近くにきた時、もう動物園のあの妙なけだものの臭気を鼻に感じた。親熊は肩から腹にかけて貫通銃傷があった。仔は腹を射抜かれて、腸が露出していた。

熊を獲った人は、熊が出たという話で追いに行ったわけではなく、ただ鉄砲をかついでブラリと歩いてたら、運よく出会ったまでだということだった。二頭の仔連れだったので、大きな音がしていたからすぐわかったそうである。はじめは川を歩いていたら、川でザリガニを獲って食っていたそうで、仔熊は人間なんかに遠慮なくガサガサとブッシュの中を音を立ててあるくから都合がよいらしい。最初笹の上にニュッと親熊が頭を出してきたから、打ったら胸を射抜いたため、ひどい呼吸の音を立ててのめったそうである。一頭の仔熊はとうとう逃がしてしまったと残念がっていた。逃げる時に、ギャアギャア大声でなき叫けんでたそうである。仔熊は死んだ母親を求めて、またわきにもどっていればしめたものだが、逃げたきりのようだった。

親はさすがに物凄いという感じがしたが、北海道の熊としては、さほど大きくもなく、中ぐらいの大きさで、五十貫まではなさそうにみえた。仔はあまりいい発育とは思えぬほどの大きさで、まだ可愛い盛りだった。耳が大きく腹がポンとしていて、見ても恐怖感など起らない姿だった。

僕は持参したスケッチブックを取出して、仔熊を描いた。親熊は、血で顔があまりむごたらしかったので、描く気がしなかった。山ではオールマイティのカムイも、こうなってはまことにあわれな姿で、仔といっしょに倒れてる有様は、むしろ涙を誘う気持すら起きてきて、親仔つれだって楽しく秋の一瞬を自由に遊んでた少し前までの姿が、目に映るように思えた。犬好きの妻は、仔熊を見てしきりに——可愛そうだ——を連発していた。そして又——こんなメンコイ顔してても、おっかないことするのだものね——ともいっていた。全く仔熊の容姿は、よくある熊の人形？とそっくりな感じで、恐怖感どころか、頭をなでてやりたい気持すら起る。

「どうして運ぶべ」

「沢の中までひきづるべ。あとはかつぐんだ」

「よし!!　やるべ」

相談一決で、二頭の熊は首にナワをつけられて、斜面をづるづるとひきづり降ろされた。熊笹はこんな時には好都合で、調子よく滑べらせてくれるから、屈強な若い弥次馬が十人もきたので、たやすい仕事だった。

しかし沢に降りてからは、あまり楽でもなかった。仔熊は、僕とちょうどよい相棒の年寄りがいたので、棒にぶら下げてかついだが、親熊の方はあまり大きくないといったところで、四十貫以上はあるだろうから、草が生い茂った足元の悪い沢の中では、あまり楽ではなさそうだった。これには長い棒を二本つけて、六七人でかついだ。仔は小さいといっても十二、三貫はあったろう。笹の中をひきづり降ろした時、血が笹についていたものだから、僕たちのズボンも血ですっかり汚れてしまった。

棒に四肢をしばられて、ぶら下げられた仔熊の姿は、ほんとうに可哀そうに見えた。親が打たれた時、仔熊は木にかけ上ったそうだが、弾丸が命中するとドサリと落ちてきたということだったが、どんな猛獣でも、仔は悪気がなくて無条件に可愛いものである。

親熊は棒にぶら下げると地面につくぐらいで、この方は難行したが、悪場の距離は短かかったので助かった。

僕たちは道路に出てしばらく汗を拭いた。

「こうなると山の親方もあわれだな」

「うんだ、生きてたらこれだけの人数でもかなわねえところだ」

「こりゃあたいして肥えてるでねえか、今晩オヤジの肉で一ぺえか」

「なんだもう飲む話かよ」

さっき車を捨てた悪路のところまで、車が迎えにきていた。

「死んだおかげで乗ったこともねえ車さ乗せてやるぞ」

「ひとの獲った物で偉張るな野郎!!」

しかし僕にしたところで、他人の獲った熊をかついだり、車に積んで同席すると、あたかも自分の手で鬼の首でも獲ったような気がして、少し胸をそらせたい気持になるのは、弥次馬共通の心理なのか、われながらむずがゆい気持がした。親熊の腹の上に乗せられた仔熊はちょうど乳を飲んでる時の姿に似て、ひどくいじらしく見えた。

車に積んだ宝物は、やはり隣り近所の人たちに見せる必要があるということで、河原へは行かないで、市街に車を止めた。女や子供たちが、忽《たちま》ち黒山になった。熊は車から降ろされて、横棒にもたせかけられ、ちょうど人間を襲撃する時に立上る姿にさせられて、パチパチと写真の攻撃を受けた。通る車は皆止って、熊見物にやってきた。貸切りの観光バスが行列になって止ると、ゾロゾロと大勢の人が見物にきた。

間もなく熊はまた車に積まれ、すぐ近くの河原に降ろされた。水の中にぶちこまれて血と泥をきれいに洗い落されると、あとは解体である。

熊の毛は、すでに換毛もだいたい終り、力を入れて毛を抜いてみたが、容易に抜けないまでになっていて、あとはワタ毛が生えれば越冬の衣服の準備はOKという状態だった。

僕はこの時、はじめて熊の手足を手にとってあきるほど見ることができたのだったが、手足の大きさにくらべて、爪の強大さに驚いた。動物園のオリの中にいる熊の手足は表面から見るので、毛のために爪が充分見えないが、足の裏から見る爪の大きさは、全く意外な大きさである。

このぐらいの熊だと、もう一人前で、百貫以上の牛馬を一撃で倒し、ひきづって運ぶというのだから、想像を絶した怪力である。足の裏は黒く厚く肥厚していて、ちょうどゴム底のような具合で、後肢は人間の左右を取違えたような形で、外側の指の方が発達していることも、はじめて知った。

日足の早い秋であるから、手元が薄暗くなる頃、ようやく皮を剝ぎとった。僕は手足や顔を、もっとよくスケッチしたいと思ったが、手伝い人や見物の子供たちが多くて、あまりよく描けなかったのは残念だった。

熊は想像以上よく肥えていて、脂肪もたくさんかかっていた。しかしこれは当然で、穴の中に逃げこんで半歳の冬眠をするのも、もうまぢかに迫ってるのだから、このぐらいのエネルギーの貯蓄は必要なのである。仔熊はもう離乳してることは、親熊の乳頭を見れば明らかだった。それには垢がたまって萎縮してるからだ。

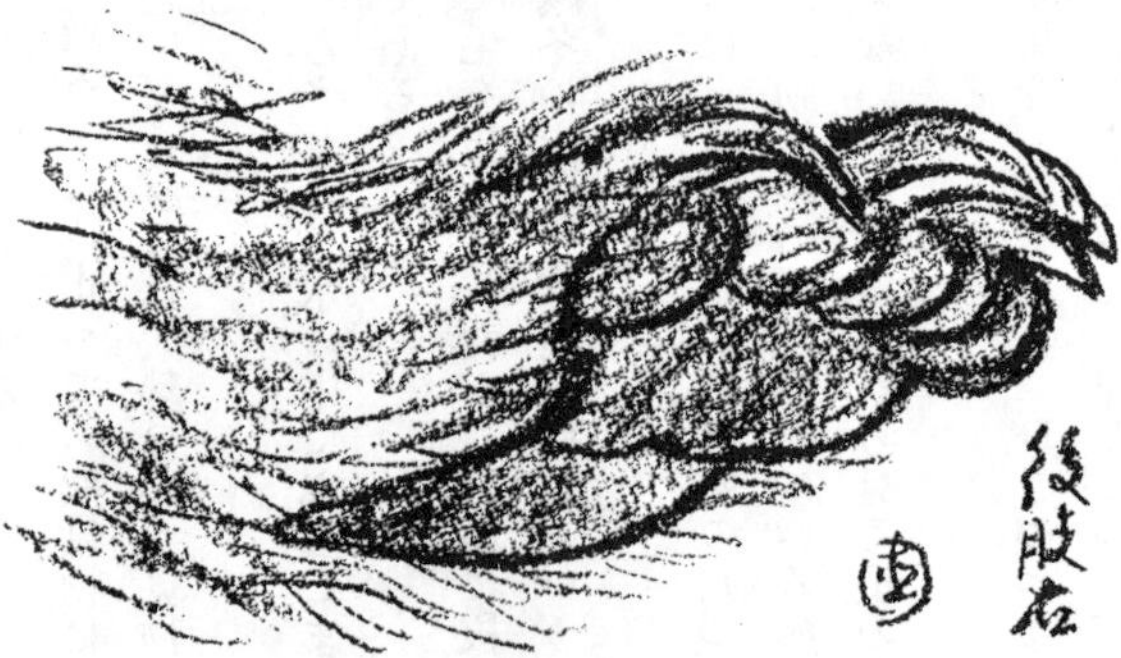

一説によれば、仔熊は三才の秋まで親熊といっしょに暮らし、お別れの時には、仔の男熊が母熊に種付してから別れるということで、これは今度熊をかついで歩いてる時に、そういう物語を聞いたが、いささか伝説めいて聞えた。たいていの場合、仔は二頭のようだし、この場合は、きまって雌雄であるのは不思議だということであるが、こんなケースは他の動物にだっていくらでもあるから、別に不思議はないが、自然の妙とでもいう以外にないことである。三頭の仔連れという例もたまには聞く。

四五年前の秋、石狩連峰に登りに行って、十勝三股で泊った時、営林署の人から聞いたが、森林軌道の側で、親仔四頭の熊がいたので、仔二頭を打殺し、親を逃がしたが、木に登った仔一頭を、生獲りにしたということで

あった。これは五月のことだったから、仔はまだ小さくてメンコイもので、僕はレールにつながれた仔熊の写真をもらってきたことがあった。

さて解体された熊の肉と皮と胆嚢だけは、また車に積んで市街にもどったが、不用な部分は川にぶちこまれ、流れていった。

夜になってから、熊の肉を食うから来てくれ、との御招待を受けたので、僕は酒一升下げて向いの家にいった。戸を開けたとたん、部屋中いっぱいの熊の肉を見て驚いた。山をなす肉を見て、昔アイヌが熊獲に異状な関心を示した理由が、読みとれる気がした。これほどの御馳走なら、宗教的な理由があったにしろ、やはり命がけでも見逃してはいられないだろう。

熊の肉の見かけは、牛のによく似てるが、めん羊の肉にむしろ近いかもしれない。脂肪だってやはりそうである。解剖された胃袋の内容物は、ほとんどコクワの実ば

べにばないちご

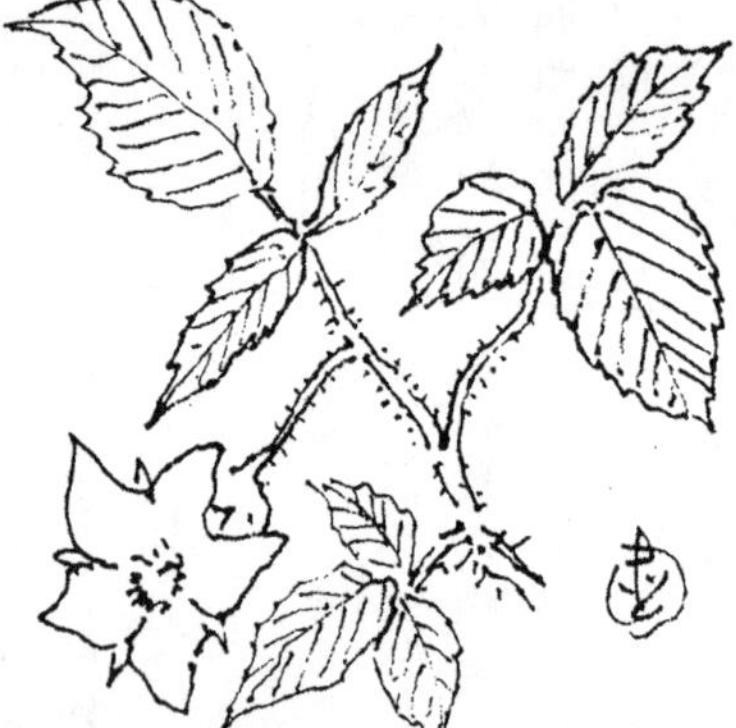

かりだったが、あんな物を食ってよくこれだけの肉や脂肪がつくものである。腸の方はまるでカラだったから、最近大雪山や芦別岳で、登山者を待伏せていて、リュックを強奪して、食糧ドロボウをやる原因も、カラッポ同様の消化器を見れば、うなづける。カロリーの高い米や、ソーセージ、チーズを一度でも食ったら、さだめし強烈な印象を受けるに相違ないと思う。雪のくる前の溜食いこそ、彼らにとっては最大関心事だから、山が不作なら農地に下ってくるのは当然なのである。

さて肉はナベにどっしり入れられて、赤く燃えるストーブにかけられた。テーブルにはもう一升ビンが並らんでいた。僕は熊の肉ははじめてではないが、酒の肴にするのははじめてだった。人は十人も集っていたから、この上ない賑やかさだった。コップ酒をグイグイとやりながら肉を食ったが、味は上等だった。しかし生きがいので、仔熊の肉でも少しかたかった。

熊獲りの手柄話や、失敗談が絶えることなく、酒も話もはずんだ。僕がこの原野に来た当時、さっき熊を解剖した川の橋の下で——しかも国道である——一頭と、駅のすぐ後の柏の原始林の中で、大きなやつが一頭獲れて驚いたが、今も昔も、こと熊に関してはあまり大きな変化はないようである。

「あしたからクソ力が出るぞ」

と笑いながらいい気持でおそく帰った。

もらった肉を、翌日、今度はバターで焼いて食べたところ、全く別物のように柔らかくて、味は極上だった。昨夜肉を御馳走になった席で「坂本さん、あんまり山へ行くと、今度はあんたが食われる番だぜ」とひやかされたが、そんな運命のめぐり合せだけはごめんである。僕は至って熊に縁が薄い方で、四十年以上も山を歩いていながら、出合ったのは五六回ぐらいである。

僕は内地の山をあるくと熊がいないから、どこでも安心してあるける気安さを感ずる。皆無じゃないにしても、登山者にとってはゼロに等しい存在だからだ。

それから数日後だったが、剝取った熊の皮は、あれでも六畳間いっぱいの面積があったと聞いたが、動物は皮にすると驚くほど大きいものである。体重百貫近い巨熊になると、八畳間に拡げて余るやつがある、といわれるから物凄い大きさである。

とにかく僕にしたところで、印象深い秋晴れの半日であったが、妻にとっては更に大きな驚きだったことは確かである。今でも青空を見ると、あの親と兄弟に別れて、生きのびた仔熊の淋しさが思い出され、この冬は無事に過せるかどうか案じら

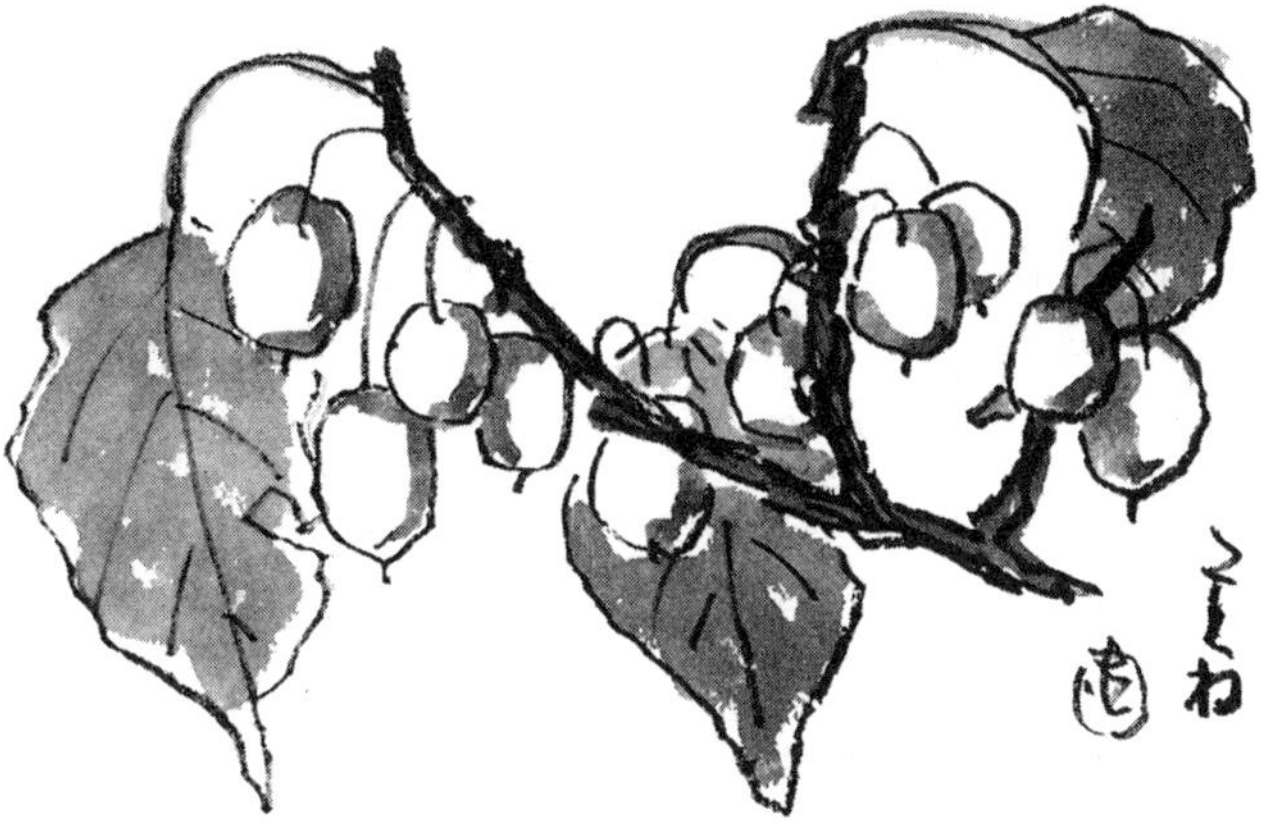

こくわ

れる時がある。

ところで僕が描いた仔熊の顔は、誰れに見せても、毛深い豚だ、といってほめてくれる人がいないのは残念至極である。そして「あの仔熊の皮を買うか」と、妻と話してるうちに、売られてしまった話を耳にして、これも何やら大きな心残りになってしまった。

しかし、これも山まで不景気のおかげで、運よく熊獲りの弥次馬になれた話で、僕には拾物みたいなことだった。

（「アルプ」一九六二年十二月号掲載）

僕の個展

僕のお粗末で狭い、名ばかりのアトリエは、冬になると山の絵でうづまるようになるが、個展になると、一ぺんに山が雲にかくれて見えなくなるように、姿を消してしまうのは、非常に淋しい気持がする。これは今の僕の不幸ではあるが、これはあるいはぜいたくというものかもしれない。描く方からいえば、作品のよしあしにかかわらず、どうしても手離したくない作品というものが、たまにはできるものであるが、そんな絵をしまいこんでおいて、時々引出して眺められれば、さぞ幸福なことだと思うが、僕にとっては高嶺の花である。

僕には、山を概念で描くことはできない。単なる山では、ゴミの山ぐらいの魅力しかない。僕は山岳画というものは、その山の肖像画だと思っている。日本アルプスを描いて、ヒマラヤに見えても困る。また反対に、二千米の山を描いても、千米もないブタ山に見えても困る。しかし山の高さとスケールが描けたら、さぞうれしいことだろうと思う。千米の山と二千米の山を、描きわける苦労は、登って描かなければしみじみしてこないと思う。

押せばへこむような山や、つい立のように薄っぺらな山が、カンバス上にできあがってきた時の悲しさは、登山者兼画家である僕のなやみでもある。

のぶどう

個展の会場に、山の絵を所狭しと並らべたてた時には、僕は大きなよろこびを覚える。どんな画家でも、上手下手は別として、精魂を傾けて描きあげた作品を、会場に並らべた時にはうれしいに違いない。その上僕の場合には、作品を作る前に、苦しい山登りを必要とするから、よろこびは一層大きなものになる。

数々の山が僕を取巻き、そしてその中に座り、煙草をいぶしながら、訪れてくる山仲間と雑談できる楽しさ、幸福というものは、他の画家にはもてない幸福だと思っている。

見る人は皆、絵を指差して山を語り、思い出を語り合う。そして多くの場合、絵の上手下手よりも、今度はどこの山が絵になって現われてくるかと、楽しんでくれる。親切な友は、ウイスキーや菓子を陣中見舞に持参してくれるが飲んだり食ったり、駄弁ったりで、キャンプのような気持で時を過すこともある。

また自分の好きな山の絵がないと、どうしてあの山を描いて見せてくれないのか、という文句や、帰りしなに、来年の個展はいつやるのか、休んだら駄目だぞ、なんて僕の尻をたたいてゆく登山者もある。たとえ絵を買ってくれない人でも、こんなのはほんとうにうれしい気持がする。また会期中毎日見にきてくれる人もいるが、こんな人とはすぐ友だちになってしまう。個展会場は、いつも山仲間のクラブみたいになってしまって、年一回の札幌の個展は、いつも心たのしく過ぎるのは、僕にとって大きな幸福である。

僕自身登山者である限り、自分の作品については、登山者として絵を見、画家として絵を見、そして考える立場にあるだけに、自分の制作については、いつも二重の苦労が必要となる。しかし年中、いろいろな意味で山と取組めるということは、登山者としても画家としても幸福なことだと思うし、今の僕には、原野の三十年間の苦しかった生活が、一ぺんにむくいられるような気がしてならない。

山の雪が新緑に映えるといっては家をとび出し、紅葉に新雪の山が、かぶさっているといっては家をとび出し、無人の原野の草が霜枯れて、荒涼として美しいといっては家をとび出すのだが、困ったことには、山という相手は、歩けば歩くほど、歩きたい山がふえる一方で、どうしても命の方が足りない計算になるのが、僕のなやみである。ひとつの山の春は、逃がしたら一年待たないとやってこないからだ。

だから僕はプラン実行のチャンスが来たら、さっさと家を出てしまう。それはまた一面、親切な山仲間の友情に答える、たったひとつの手段であるし、今度の個展には、どこの山の絵が現われてくるかを、待っていてくれる登山者のためにも、僕は登ったり歩いたりして描かなければならない。

あとがき（茗溪堂版より）

本書は、昭和三十二年八月、東京朋文堂出版の、朋文堂山岳文庫第七巻・画文集「原野から見た山」の姉妹編のようなものですが、前者は、私がまだ百姓をやっている時にまとめたものでした。

火山灰地で濃霧地帯という、悪条件ぞろいの地域の農業は、条件が良い地域の農業からみると、毎年冷害凶作みたいなもので、来る年も来る年も、借金に苦しめられながら、三十年の開拓生活は夢のように過去ってしまいました。いくらのんきな私でも、友人がいうように「賽の河原の石積み」はやめなければならなくなりました。それで昭和三十五年に、長年握った鍬を捨て、ピッケルと絵筆にもち変えました。

本書におさめた文章は、本書をまとめるために書いたものはわずかで、あとは私が鍬を捨てる前後にまたがり、山岳雑誌などに発表したものの、中から拾いあげたものです。そんなわけで、文章はだいたいは発表年次順にしてあります。

百姓生活当時は貧乏で、ゴム長や自転車も買えなかった私が、今また、こんな立派な画文集を出版できるようになったのは、多くの岳友の援助のおかげで、私はたいへんうれしいと同時に、ありがたいことだと思っています。過去の悲惨な生活をふりかえると、ほんとうに夢のような気持です。

特に、心よく出版を引受けて下さった茗溪堂の坂本矩祥氏や、本書をまとめるについて、多忙中、多くの時間をさいて、編集の仕事や精神的援助を与えて下さった林和夫、山下一夫、望月達夫、初見一雄の諸氏に深く感謝いたします。

尚また、挿画の印刷について、私の絵を所持しておられる方々が、心よく絵を提供して下さったことについても、感謝申上げます。

昭和四十年一月八日吹雪の夜記す

坂本直行年譜（一九〇六〜一九八二）

一九〇六（明治三十九）年　七月二十六日、坂本弥太郎・直意夫妻の次男として釧路に生まれる。祖父、直寛（直意の父）は坂本龍馬の甥。後に龍馬の長兄・権平の養子となり、坂本家の家督を継いだ。直寛の実兄・高松太郎（後に直）は、坂本龍馬の遺跡養子。

一九一四（大正三）年　八歳　札幌に移る。

一九一五（大正四）年　九歳　小学校三年、登山遠足で札幌郊外の手稲山登山。この頃より花の絵を描き始める。

一九一九（大正八）年　十三歳　四月、札幌第二中学校（現札幌西高）へ入学。八月、羊蹄山（一八九三メートル）登山。初めて山の絵を描く。その後、札幌郊外の山へ足繁く通い、スケッチをする。

一九二四（大正十三）年　十八歳　四月、北海道帝国大学農学実科へ入学。

一九二六（大正十五・昭和元）年　二十歳　北大山岳部創部と同時に入部、道内の山を精力的に歩く。

一九二七（昭和二）年　二十一歳　三月、野崎健之助らと積雪期トムラウシ山初登頂。北海道大学卒業。温室園芸経営を目指し、東京田園調布の園芸会社へ温室園芸見習いとして入社。

一九二九（昭和四）年　二十三歳　札幌へ帰る。経済的理由で温室園芸を断念。

一九三〇（昭和五）年　二十四歳　秋、十勝国広尾郡広尾村の原野で牧場を経営する北大の岳友、野崎健之助の誘いにより、同地へ赴く。初めて見る原野と日高の山々に心を奪われ、そのまま野崎牧場で働く。

一九三二（昭和七）年　二十六歳　三月、相川修とペテガリ岳初登頂を目指すも悪天候で断念。楽古岳積雪期初登頂。

一九三三（昭和八）年　二十七歳　一月、相川修、金光正次らと戸蔦別川から幌尻岳を目指すが悪天候のため戸蔦別岳のみ登頂。十二月〜翌年一月、相川修、照井孝太郎と札内川からコイカクシュサツナイ岳、ヤオロマップ岳登頂。相川の記述によるとペテガリ岳を目指したがアイゼン破損のため断念した。その後、カムイエクウチカウシ山、一九〇〇メートル峰、一八四〇メートル峰などに登頂。

一九三四（昭和九）年　二十八歳　春から雑誌「ケルン」（朋文堂）「山」（梓書房）にカット、エッセーの寄稿をはじめ、十一月から「山」で「或る牧場の生活」を十三回連載。

一九三五（昭和十）年　二十九歳　秋、広尾村豊似市街に出て独立の準備に入る。

一九三六（昭和十一）年　三十歳　一月、広尾村字下野塚の原野に土地を取得、開墾の鍬を下ろす。三月、石崎つると結婚。

一九三七（昭和十二）年　三十一歳　一月〜二月、北大山岳部第一次ペテガリ岳登山に参加、悪天候のため断念。帰路長男の出生を知る。『山・原野・牧場』（竹村書房）出版。

一九三八（昭和十三）年　三十二歳　三月、次男誕生。

一九三九（昭和十四）年　三十三歳　三男誕生。中原家へ養子に入る。

一九四〇（昭和十五）年　三十四歳　一月、北大山岳部第二次ペテガリ岳隊が遭難、八人が死亡。捜索活動に当たる。

一九四一（昭和十六）年　三十五歳　九月、四男誕生。

一九四二（昭和十七）年　三十六歳　一月、五男誕生。『開墾の記』（長崎書店）出版。

一九四四（昭和十九）年　三十八歳　六月、長女誕生。

一九四五（昭和二十）年　三十九歳　十二月、次女誕生。

一九四六（昭和二十一）年　四十歳　一月、広尾村農村建設連盟が発足し、初代委員長となる。戦後十年間余農民運動に没入し、登山活動からは遠ざかる。

一九四七（昭和二十二）年　四十一歳　『酪農の話』（柏葉出版）出版。

一九五四（昭和二十九）年　四十八歳　夏、長男、次男とその友人を連れて、二十数年ぶりに楽古岳へ登る。

一九五六（昭和三十一）年　五十歳　彫刻家・峯孝の知遇を得る。

一九五七（昭和三十二）年　五十一歳　峯孝のすすめにより、第一回の個展を札幌で開催し、成功を収める。以後病没するまで、札幌個展は毎年行った。『原野から見た山』（朋文堂）出版。

一九五八（昭和三十三）年　五十二歳　『山と木と草　樹木編』（日本林業技術協会）出版。

一九五九（昭和三十四）年　五十三歳　第一回東京個展。以後二年ごとに開催。『山・原野・牧場』（朋文堂）出版。

一九六〇（昭和三十五）年　五十四歳　一月、製菓会社・帯広千秋庵（のちの六花亭）が児童詩誌『サイロ』創刊。表紙絵やカットを描く。翌年から、山野草の絵が包装紙などに採用された。開拓地を離れ、豊似市街に転居。画業に専念する。

一九六二（昭和三十七）年　五十六歳　『蝦夷糞尿談』（ぷやら新書）出版。

一九六四（昭和三十九）年　五十八歳　『私の草木漫筆』（紫紅会）出版。

一九六五（昭和四十）年　五十九歳　札幌市手稲へ転居。『雪原の足あと』（茗溪堂）出版。

一九六七（昭和四十二）年　六十一歳　ネパールへスケッチ旅行。以後連続四回ネパールへ旅し、ヒマラヤを描く。

一九七三（昭和四十八）年　六十七歳　カナディアン・ロッキーへ旅行。

一九七四（昭和四十九）年　六十八歳　北海道文化賞を受賞。

一九七六（昭和五十一）年　七十歳　『わたしの草と木の絵本』（茗溪堂）出版。

一九八一（昭和五十六）年　七十五歳　東京個展の際、体の不調を訴える。

一九八二（昭和五十七）年　二月、膵臓ガンの為、札幌同交会病院へ入院。五月二日死去。

享年七十七（満七十五歳）。

没後刊行書

『坂本直行作品集』（一九八七年・京都書院）
『坂本直行スケッチ画集』（一九九二年・ふたば書房）
『続　開墾の記』（一九九四年・北海道新聞社）
『はるかなるヒマラヤ　自伝と紀行』（二〇一一年・北海道出版企画センター）
『原野から見た山』（二〇二一年・ヤマケイ文庫）
『山・原野・牧場』（二〇二一年・ヤマケイ文庫）

下野塚の開墾地で島田巽と（昭和12年7月／坂本家提供）

■ヤマケイ文庫『雪原の足あと』について

『雪原の足あと』は一九六五（昭和四十）年に茗溪堂から発行され、一九九九年に新版が発行されました。

本書は、茗溪堂新版を底本として、文庫判として再構成しました。

この文庫版では、茗溪堂版の口絵三点の他に、本文中の四色刷り作品のうち二十四点を四色刷り口絵に収め、同一作品を本文中に一色刷りで収めました。

巻頭・巻末の写真は新たに加えたものです。

※漢字、仮名遣い、送り仮名、句読点は原文通りとし、振り仮名を加えました。

※今日の人権意識や自然保護の考え方に照らして考えた場合、不適切と思われる語句や表現がありますが、本著作の時代背景とその文学的価値に鑑み、原文のままとしました。

雪原の足あと

二〇二三年五月二十五日　初版第一刷発行

著　者　坂本直行

発行人　川崎深雪
発行所　株式会社　山と溪谷社
郵便番号　一〇一－〇〇五一
東京都千代田区神田神保町一丁目一〇五番地
https://www.yamakei.co.jp/

■乱丁・落丁、及び内容に関するお問合せ先
山と溪谷社自動応答サービス　電話〇三－六七四四－一九〇〇
受付時間／十一時～十六時（土日、祝日を除く）
メールもご利用ください。
【乱丁・落丁】service@yamakei.co.jp　【内容】info@yamakei.co.jp
■書店・取次様からのご注文先
山と溪谷社受注センター　電話〇四八－四五八－三四五五
ファクス〇四八－四二一－〇五一三
■書店・取次様からのご注文以外のお問合せ先　eigyo@yamakei.co.jp

印刷・製本　大日本印刷株式会社
定価はカバーに表示してあります

Printed in Japan ISBN978-4-635-04972-6